耳から覚える
カンタン！フランス語文法

Avec des sons, la grammaire sans problème !

國枝孝弘
［著］

パトリス・ルロワ
［特別協力］

駿河台出版社

みなさんこんにちは！
　この本をお買い上げいただいたら、まずはCDを袋から取り出してデッキに（あるいはパソコンに）セットしてください。用意できましたか？この本では、CDを聞きながらフランス語の文法を勉強してゆきます！
　なぜ？それはズバリ、耳から文法を理解すると、様々な発見があるからです。「なるほど」とひとつひとつを納得して学んでいただきたいのです。
　では「発見」とはどういうことでしょうか？具体的に説明しましょう。この本のp.8を開けて、CDのトラック0「音を聞いて覚えよう」を聞いてみてください。

　いかがでしたか？目に見えるつづり字だけだと、男性名詞につける不定冠詞はun, 女性名詞につけるのはuneで、unにeがついただけにみえます。でも音で聞くとどうでしょうか？unは「アン」ですが、uneはナント！「ユヌ」と音がかなり違います。そう、このような音の違いを大切にして文法を理解してほしいのです。

　ことばは文字だけでできあがっているわけではありません。そもそもことばはまず声として生まれたのです。このことばのもともとの成り立ちを考えれば、文法を学ぶときであっても、常に音を意識して学ぶことはとても重要だということがわかるでしょう。また目と耳の両方で勉強することで、きっと理解もはかどるはずです。

　といっても肩肘を張ってがんばる必要はありません。この本は「見開き2ページで1項目」で構成されています。CDを聞きながら勉強してだいたい5分で終わるようになっています。具体的な内容は以下の通りです。

🎵 音を聞いて覚えよう
まずはその文法項目の絶対におさえたいポイントを勉強します。内容を最小限にしぼっていますから、ぜひ例文を覚えてしまいましょう。そして自分でも声に出して言ってみましょう。

📄 まとめよう
その文法項目の全体像を簡潔に整理したコーナーです。ノートに写すなどして、まとめるとよいでしょう。

🔖 問題にチャレンジ
「音を聞いて覚えよう」で学んだ内容についての練習問題です。ほとんどの問題が聞いて答える形式になっています。耳を慣らすつもりで気軽にチャレンジしてください。

✏️ 一口メモ
ちょっと一歩踏み込んだお得な情報がまとめてあります。コラムとして読んでください。

　これだけ勉強すれば、フランス語の文法の基礎はほぼマスターできます。ぜひ根気よく最後までやり遂げてください。そのためのささやかなプレゼントが用意されています。ひとつの項目を勉強したら、右端の三角形を切り取って巻末のページに貼ってください。すべて貼り終わったら、駿河台出版社までお送りください。送っていただいた方にはもれなく、筆者から手書きの「あなたはすばらしい！耳からおぼえりゃ　こんなにカンタン！」認定証をお届けします。

　こんなささやかな本ですが、構想から実現まで実に3年もかかってしまいました。ひとえに筆者の怠慢のゆえですが、それにもかかわらずずっと辛抱強く見守り、励まし、かつ有益なアドバイスをしてくれた編集者の山田仁さんにお礼申し上げます。いったいこの3年間、2人でどれだけビールを飲んで語り明かしたことか…
　録音はぼくの「終世の相棒」パトリス・ルロワにお願いしました。いつでも協力を惜しまず、とことんつきあってくれるパトリスには本当に頭が下がります。どうもありがとう。
　そして何よりもこの本を手にとってくれたみなさんが、楽しんで最後までこの本にチャレンジしてくれることを願っています。もし万が一「何度も、何度も勉強しているうちに、本がぼろぼろになってしまいましたよ」という声が届いたら、それはぼくにとって最高の喜びとなるでしょう。それでは C'est parti !（出発です！）

　なおこの本には、別売りのオーディオブックがあります。ここでは単なるリスニング音声だけではなく、それぞれの文法項目に関して、パトリスとぼくが気軽なおしゃべりでさらにいろいろな話題を語っています。ぜひこの本の補完版としてオーディオブックも活用してみてください。

もくじ

はじめに……………………………………………………… 02
もくじ………………………………………………………… 04
オーディオブックはこんなにスゴい！
（オーディオブック紹介）………………………………… 06

文法を学ぶ前に知っておくと役立つ発音の規則…………… 08

不定冠詞……………………………………………………… 12
定冠詞………………………………………………………… 14
部分冠詞……………………………………………………… 16
名詞の複数形と冠詞………………………………………… 18
前置詞………………………………………………………… 20
être …………………………………………………………… 22
avoir ………………………………………………………… 24
aller ………………………………………………………… 26
faire ………………………………………………………… 28

コラム1　主語人称代名詞の使い分け …………………… 30

フランス語の数字…………………………………………… 32
男性形・女性形(1)………………………………………… 34
男性形・女性形(2)………………………………………… 36
品質形容詞の位置…………………………………………… 38
序列数形容詞………………………………………………… 40
所有形容詞…………………………………………………… 42
指示形容詞…………………………………………………… 44
-er動詞の活用 ……………………………………………… 46
-ir動詞の活用(1)…………………………………………… 48
-ir動詞の活用(2)…………………………………………… 50
-dre動詞の活用 …………………………………………… 52

コラム2　動詞の活用パターン …………………………… 54

否定文	56
否定のde	58
疑問文	60
Oui, Non, Si	62
疑問詞（代名詞）	64
疑問詞（副詞）	66
疑問形容詞quel	68
avoirを使った複合過去形	70
過去分詞の作り方	72
êtreを使った複合過去形	74
複合過去形の否定文	76
pouvoir / vouloir /devoir ＋不定詞	78
非人称構文	80
比較級・最上級（1）- 動詞の場合	82
比較級・最上級（2）- 形容詞・副詞の場合	84
代名詞 le, la, les	86
代名詞 lui, leur	88
代名詞のen	90
不定代名詞	92
コラム3　フランス語の代名詞のまとめ	94
半過去形	96
単純未来形	98
近接未来、近接過去	100
代名動詞	102
関係代名詞	104
命令法	106
条件法	108
接続法	110
解答＆トランスクリプション	112

オーディオブック(別売)の内容はこんなにスゴイ!

※本書CDのトラック04とトラック05には同様のものが収録されています。

耳から覚えるカンタン!フランス語文法

avoir
CD 16
(Disk01_00)

avoirは「持つ」という意味の最重要動詞です。

♪ 音を聞いて覚えよう

avoir　j'ai

☑ jeは母音字の前でj'となるので、aiとくっついて1語で「ジェ」と発音します。

tu as

☑ asのsは発音しません。

nous avons
vous avez

☑ それぞれ、1語だと発音されないsの文字が、後ろに母音字が来ると「ズ」と発音され、「ヌ・ザ・ヴォン」と「ヴ・ザ・ヴェ」となります。

📖 まとめよう

avoir

わたし	j' ai	わたしたち	nous avons
あなた	tu as	あなた(たち)	vous avez
彼	il a	彼ら	ils ont
彼女	elle a	彼女ら	elles ont

💬 これがまた面白いんですけど、もちろん nous avons, vous avez とリエゾンするんですけど、最近では Tu as、さっきは Tu es とかあったじゃないですか、これも早口言うと Tu as ではなくて T'as (タ)…

💬 なるほど、会話のなかで友達どうしではよく省略されますね。

💬 また nous avons のかわりにオラル的に on a

💬 うん、on は会話でよく使われる「私たち」ですね。

オーディオブックは iTunes Store® でダウンロードしてご購入いただけます。また書店でもお買い求めいただけるCDのご用意がありますので、書店へご注文ください。

書店で発売中のオーディオブック（CD3枚、書店で発売）のトラック番号です。

問題にチャレンジ (CD 17)

1. 音声を聞いて、正しい方を○で囲みましょう。

① (J'ai / Nous avons) faim.

② (Tu as / Vous avez) peur ?

③ (J'ai / Nous avons) sommeil.

④ (Tu as / Vous avez) rendez-vous ?

①私たちはおなかがすいている。　②こわいの？　③私はねむいです。　④あなたは待ち合わせがありますか？

2. 音声を聞いて、（　）にあてはまる語句を記入しましょう。

① (　　　　) 21 ans. (　　　　) un petit copain. Il a 20 ans.

② (　　　　) des jumelles. Elles ont 5 ans.

③ (　　　　) des frères et sœurs ?

④ (　　　　) des animaux ?

①私は21歳です。彼氏がいます。彼は20歳です。　②私たちには女の子の双子がいます。彼女たちは5歳です。
③ご兄弟はいらっしゃいますか？　④動物は飼ってる？

一口メモ

avoirの意味は「〜を持つ」ですが、もっとひろい意味を持っています。たとえば年齢を言ったり、家族構成を説明したりするときに使えます。

✓ Avoir

🗨️ ちょっとまってね、たかちゃんの望遠鏡古いんじゃないですか？5年ですか？…ああ、ジュメルという言葉はおもしろいですね、望遠鏡と双子という意味もあるんですね…。

ここは切り取って巻末の応募封筒に貼ろう。

くわしくは巻末へ
▶▶▶▶▶

🗨️ いままで僕たちは avoir は「〜を持つ」といったんだけど、これはもっと広い意味で使えますよね。

🗨️ そうですね、例えば自分の歳とか…。英語で言えば、I'm fifty...

文法を学ぶ前に
知っておくと役立つ発音の規則

(CDを聞きながら、学習しましょう)

文法を学ぶ場合でも、フランス語のつづり字の規則や、フランス語特有の発音の仕組みを知っておくと、理解がいっそう深まります。

1. フランス語のつづり字と発音　CD 02

① 母音とつづり字の関係

ポイント1

「母音は、つづり字がいくつ続いても、音はひとつだけ」が原則。

例　aは　　[a]　　ananas　パイナップル
　　aiは　 [ɛ]　　mai　　　5月
　　eauは　[o]　　bateau　船

ポイント2

発音が2種類あるつづり字がある。

例　euは[ø]か[œ]　　peu [pø] ほとんど〜ない　　peur [pœːr] 恐怖

☑ euはうしろに発音する子音字が続くと、原則として[œ]になります。

➡ つづり字と音の関係を知っておくと、活用を覚えるとき役立ちます。

たとえばこんなふうに

pouvoirの活用は単数ではje peuxとeuと書いて[ø]と発音します。nousの時はnous pouvonsとouと書いて、[u]と発音します。[ø]と[u]の音の違いを理解してつづり字を覚えましょう。

② **鼻母音とつづり字の関係**

ポイント1

＜母音字＋mまたはn＞のつづり字は鼻母音。

例　aim は [ɛ̃]　　faim　空腹
　　ain は [ɛ̃]　　pain　パン
　　　　　アン　　　　　　　アン

ポイント2

1) ＜mまたはn＋母音字＞になると鼻母音ではなくなる。
2) ＜mmまたはnn＋母音字＞になると鼻母音ではなくなる。

例　1) an (年) は [ɑ̃] だが、âne (ロバ) は [an] と発音します。
例　2) don (寄付) は [dɔ̃] だが、donneur (献血者) は [dɔ-noe:r] と発音します。
　　　　　　　　　　　ドン　　　　　　　　　　　　　　　　　　　　　　　ドヌール

→ **鼻母音になる場合、ならない場合を知っておくと、形容詞の変化をきちんと覚えることができます。**

（たとえばこんなふうに）

américain (アメリカの) は [a-me-ri-kɛ̃]、女性形 américaine は [a-me-ri-kɛn]
　　　　　　　　　　　　　　アメリカン　　　　　　　　　　　　　　　　　アメリケヌ
と発音します。bon (良い) は [bɔ̃]、女性形 bonne は [bɔn] と発音します。
　　　　　　　　　　　　　　ボン　　　　　　　　　　　　　　ボンヌ

③ **単語の最後の子音字**

ポイント

「単語の最後の子音字は発音しない」が原則。

例　japonais (日本の) は [ʒa-pɔ-nɛ] と発音します。
　　　　　　　　　　　　ジャポネ

☑ il descend (descendre「下りる」の il の現在形の活用) は [il-de-sɑ̃] と
　　　　　　　　　　　　　　　　　　　　　　　　　　　　　　　　　イル デ サン
発音します。

→ **単語の最後が子音字で終わっているか、そうでないかを注意すると、形容詞の変化や動詞の活用をきちんと覚えることができます。**

（たとえばこんなふうに）

japonais が女性形になって japonaise なら [ʒa-pɔ-nɛ:z] と発音します。
　　　　　　　　　　　　　　　　　　　　ジャポネーズ
il descend の複数人称 ils descendent は [il-de-sɑ̃:d] と発音します。
　　　　　　　　　　　　　　　　　　　イル デ サーンドゥ

2. フランス語をすらすら読むための3つの規則　CD 03

① アンシェヌマン

une école（学校）　　　　　[yn] + [e-kɔl] → [y-ne-kɔl]
　　　　　　　　　　　　　　ユヌ　　エコル　　　　ユ ネ コル
il est（彼は〜です）　　　　[il] + [ε] → [i-lε]
　　　　　　　　　　　　　　イル　　エ　　　　イレ

✓ 前の単語の最後の子音と次の単語の最初の母音を一緒に発音するのがアンシェヌマンです。

② リエゾン

un étudiant（男子学生）　　[œ̃] + [e-ty-djɑ̃] → [œ̃-ne-ty-djɑ̃]
　　　　　　　　　　　　　　アン　　エテュディアン　　　ア ネ ティ ディアン
vous êtes（あなたは〜です）[vu] + [εt] → [vu-zεt]
　　　　　　　　　　　　　　ヴ　　　エット　　　　ヴゼット

✓ 単独では発音しない子音字が、次に母音で始まる単語がくると、その母音と子音字が一緒に発音されます。これをリエゾンと言います。-sの文字は [z] と発音します。

③ エリズィオン

le + amour　　→　l'amour（愛）
la + amitié　　→　l'amitié（友情）
je + ai　　　　→　j'ai（私は〜を持っている）

✓ 定冠詞のle, la、主語代名詞のjeなどは、後ろに母音字、または母音扱いのhで始まる単語がくると、-eや-aを省略します。これをエリズィオンと言います。

エリズィオンをする単語

le, la	ne, de, que
je, ce, me, te, se	si（il, ilsの前でのみ）

☆ 母音扱いの h、子音扱いの h
　　　　　　　アッシュ　　　　　アッシュ

フランス語には母音扱いのhと、子音扱いのhの2種類があります。子音扱いのhの前では、上に挙げたアンシェヌマン、リエゾン、エリズィオンをしません。

例　**母音扱い**　　honneur（名誉）
　　　notre honneur [ノ・トゥロ・ヌール]、un honneur [ア・ノ・ヌール]
　　　l'honneur [ロ・ヌール]
　　子音扱い　　héros（英雄）
　　　notre héros [ノトゥル・エ・ロ]、un héros [アン・エ・ロ]、le héros [ル・エ・ロ]

✓ ある単語が母音扱いか子音扱いかは辞書で調べる必要があります。

Alphabet　アルファベ

A a	ア	B b	ベ	C c	セ	D d	デ
E e	ウ	F f	エフ	G g	ジェ	H h	アッシュ
I i	イ	J j	ジ	K k	カ	L l	エル
M m	エム	N n	エヌ	O o	オ	P b	ペ
Q q	キュ	R r	エール	S s	エス	T t	テ
U u	ユ	V v	ヴェ	W w	ドゥブルヴェ	X x	イクス
Y y	イグレック	Z z	ゼッドゥ				

綴り字記号

é	アクサンテギュ	ê, ô, û	アクサン シルコンフレクス
à, è, ù	アクサングラーヴ	ç	セディーユ

不定冠詞

フランス語には男性名詞と女性名詞があります。
冠詞をつけて判断します。

🎵 音を聞いて覚えよう

livre 本　　　　**_fleur_** 花

☑ 名詞だけでは、その名詞が男性名詞か女性名詞かわかりませんね。

un _livre_ 1冊の本　**une _fleur_** 1本の花

☑ un, une という音を聞いて、その名詞が男性名詞か女性名詞かがわかります。

un _arbre_ 1本の木　**une _horloge_** ひとつの大時計

☑ 名詞が母音字か、母音扱いのhで始まる場合は、注意が必要です。unのnは単独では発音されませんが、後ろに母音字がくると、一緒に発音します。un arbreは「ア・ナルブル」となります。uneは、「ヌ」の音を次の母音と一緒に発音します。une horlogeは「ユ・ノルロージュ」と発音します。

📋 まとめよう

不定冠詞	
男性・単数	女性・単数
un	une

問題にチャレンジ　　　CD 05

音声を聞いて、あてはまるほうの冠詞を○で囲みましょう。

① (un / une) table

② (un / une) bureau

③ (un / une) chaise

④ (un / une) canapé

⑤ (un / une) armoire

⑥ (un / une) escalier

⑦ (un / une) fenêtre

⑧ (un / une) étagère

①テーブル　②机　③イス　④ソファ　⑤整理ダンス　⑥階段　⑦窓　⑧整理棚

一口メモ

単語の中には、つづりによって男性名詞か、女性名詞かがわかるものがあります。
- **-eau**で終わる単語は男性：bateau（船）　oiseau（鳥）
  ただし eau（水）は女性名詞
- **-tion**で終わる単語は女性：question（質問）　station（地下鉄の駅）

✓ 不定冠詞

耳から覚えるカンタン！フランス語文法

定冠詞
CD 06

フランス語には不定冠詞のほかに、定冠詞とよばれる冠詞があります。エリズィオンに注意しましょう。

🎵 音を聞いて覚えよう

le boulevard 大通り

la rue 通り

- ✅ le, la という音を聞いて、その名詞が男性名詞か女性名詞かがわかります。

*l'*arrêt 停留所

*l'*autoroute 高速道路

- ✅ 名詞が母音字か、母音扱いhで始まる場合は、le, laはそれぞれl'となって、名詞の最初の母音と一緒に発音します。l'arrêtは「ラ・レ」、l'autorouteは「ロ・ト・ルットゥ」となります。l'となっていると残念ながらその名詞が男性か女性かはわかりません。（ちなみにarrêtは男性名詞、autorouteは女性名詞です。）

📄 まとめよう

定冠詞	
男性・単数	女性・単数
le	la
l'（母音字または母音扱いのhで始まる単語の場合）	

問題にチャレンジ　　　CD 07

1. 音声を聞いて、あてはまるほうの冠詞を○で囲みましょう。

① (le / la) port

② (le / la) chemin

③ (le / la) route

④ (le / la) gare

①港　②道　③国(県)道　④(鉄道の)駅

2. le, la を l' にして、名詞を（　　　　　）に記入しましょう。

例 la école → l'école 学校

① la église　　→　（　　　　　　　）

② le aéroport　→　（　　　　　　　）

③ la université　→　（　　　　　　　）

④ la avenue　　→　（　　　　　　　）

⑤ le hôtel　　　→　（　　　　　　　）

①教会　②空港　③大学　④アヴェニュー(並木道)　⑤ホテル

一口メモ

不定冠詞は「あるひとつの」という意味ですが、定冠詞は「その」と決まっている場合に使います。たとえば「サンジェルマン大通り」といえば、どの大通りかわかりますから、*le boulevard Saint-Germain* と言います。

耳から覚えるカンタン！フランス語文法

部分冠詞
CD 08

量を表す部分冠詞を覚えましょう。

🎵 音を聞いて覚えよう

du poisson　魚

de la viande　肉

 女性名詞につける**部分冠詞**は de la で、2語でワンセットです。

de l'ail　ニンニク

de l'huile　オイル

 名詞が母音字か、母音扱いの h で始まる場合は、男性名詞、女性名詞ともに de l' を使い、l' は名詞の最初の母音と一緒に発音します。de l'ail は「ドゥ・ライユ」、de l'huile は「ドゥ・リュイル」となります。de l' となっていると残念ながらその名詞が男性か女性かはわかりません。

📄 まとめよう

部分冠詞	
男性・単数	女性・単数
du	de la
de l' （母音字または母音扱いの h で始まる単語の場合）	

問題にチャレンジ　　　　　　　　　　　　CD 09

1. 音声を聞いて、あてはまる冠詞を○で囲みましょう。

① (du / de la / de l') soupe

② (du / de la / de l') homard

③ (du / de la / de l') miel

④ (du / de la / de l') eau

①スープ　②オマール海老　③ハチミツ　④水

2. 次の名詞に部分冠詞をつけて(　　　)に記入しましょう。

① riz (m.)　　→ (　　　　　　　　)

② crème (f.)　→ (　　　　　　　　)

③ jus (m.)　　→ (　　　　　　　　)

④ argent (m.) → (　　　　　　　　)

⑤ farine (f.)　→ (　　　　　　　　)

※ (m.) は男性名詞、(f.) は女性名詞です。

①コメ　②クリーム　③ジュース　④お金　⑤小麦粉

一口メモ

部分冠詞は食べ物や飲み物を表す名詞によく使いますが、かならず部分冠詞というわけではありません。
魚の身を食べるならば**du poisson**ですが、
鉢の中を1匹の魚が泳いでいれば**un poisson**になります。

部分冠詞

名詞の複数形と冠詞　CD 10

名詞の複数形を、冠詞と一緒に覚えよう。

🎵 音を聞いて覚えよう

un pantalon ズボン　　**des pantalons**

- ✅ 名詞の複数形には -s がつきますが、この -s は絶対に発音しません。不定冠詞は des「デ」になるので、この「デ」を聞いて複数なのだとわかります。

une chemise 男物のシャツ　**des chemises**

- ✅ 女性名詞も、複数形では不定冠詞に des を使います。

le pantalon　　　**la chemise**
les pantalons　**les chemises**

- ✅ 定冠詞の複数形は les「レ」になります。

des imperméables レインコート

les uniformes ユニフォーム

- ✅ 名詞が母音字または母音扱いの h で始まる場合は、今まで発音をしなかった des, les の s を「ズ」と発音して、「デ・ザン・ペル・メアブル」、「レ・ズュ・ニ・フォルム」となります。

📄 まとめよう

不定冠詞	男性	女性
単数	un	une
複数	des	

定冠詞	男性	女性
単数	le (l')	la (l')
複数	les	

問題にチャレンジ　CD 11

音声を聞いて、あてはまるほうの冠詞を○で囲みましょう。
名詞が複数ならば [ ] にsをつけましょう。

① (une / des) robe[ ]

② (la / les) cravate[ ]

③ (un / des) foulard[ ]

④ (un / les) imperméable[ ]

⑤ (une / des) ceinture[ ]

⑥ (le / les) chemise[ ]

⑦ (un / des) pull-over[ ]

⑧ (l' / les) accessoire[ ]

①洋服　②ネクタイ　③スカーフ　④レインコート　⑤ベルト　⑥シャツ　⑦セーター　⑧アクセサリー

一口メモ

名詞の最後が -eau で終わるものは、複数形のマークに **-x** を使います。
chapeau → *chapeau***x**（ぼうし）
となります。

名詞の
複数形と冠詞

耳から覚えるカンタン！フランス語文法

前置詞
CD 12

〈冠詞＋名詞〉を覚えたので、今度は名詞と名詞を前置詞のàとdeでつなぎましょう。

🎵 音を聞いて覚えよう

un chou à la crème　シュークリーム

de la soupe à l'ail　ニンニク入りのスープ

☑ 名詞と名詞の間にàが入るとき、àはおもに、「〜の入った」という意味を表します。

le lait → du café au lait
ミルク → カフェオレ

les pommes → une tarte aux pommes
リンゴ → アップルパイ

☑ àのあとにle, lesが来ると、それぞれau, auxと形が変わります。発音は両方とも「オ」と一音です。

📋 まとめよう

定冠詞の縮約形àの場合	
à + le = au	à + les = aux

定冠詞の縮約形deの場合	
de + le = du	de + les = des

前置詞 de+le, de+les も変化をします。

問題にチャレンジ　　CD 13

音声を聞いて、あてはまる語句を記入しましょう。

① de la soupe (　　) légumes

② un croissant (　　) beurre

③ des chips (　　) crevettes

④ des œufs (　　) mayonnaise

⑤ un savon (　　) huile d'olive

⑥ un thé (　　) menthe

⑦ un riz (　　) curry

⑧ de la soupe (　　) oignon

①野菜スープ　②バター入りクロワッサン　③エビチップス　④ゆで卵のマヨネーズがけ　⑤オリーヴオイル石けん
⑥ミントティー　⑦カレーライス　⑧オニオンスープ

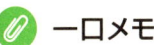 一口メモ

àは他にもいろいろな意味があります。すこし難しいですが、
仕組みがわかると理解が楽になります。
「使うもの」を表す・à : peinture à l'huile 油絵（油を使った絵）
「目的」を表す・à : brosse à dents 歯ブラシ（歯をみがくためのブラシ）

前置詞

耳から覚えるカンタン！フランス語文法

être
CD 14

êtreは「〜である」という意味の基本動詞です。

🎵 音を聞いて覚えよう

être　je suis　（私は…）

☑ jeの時はsuisと形がまったく違うので注意が必要です。

tu es　（あなたは…）

☑ esは一語で「エ」です。

nous sommes　（私たちは…）

☑ 最後のesは発音しません。「ソム」となります。

vous êtes　（あなたは…，あなたたちは…）

☑ 「ヴ・ゼットゥ」とvousのsを「ズ」と発音します。êtesと、最後が-sで終わっていることに注意してください。vousの活用は-zで終わるのが大原則ですが、êtreの場合は例外的に-sで終わります。

📄 まとめよう

être

わたし	je suis	わたしたち	nous sommes
あなた	tu es	あなた（たち）	vous êtes
彼	il est	彼ら	ils sont
彼女	elle est	彼女ら	elles sont

問題にチャレンジ　　　CD 15

1. 音声を聞いて、正しい方を○で囲みましょう。

① (Je suis / Nous sommes) contre.

② (Tu es / Vous êtes) d'accord ?

③ (Tu es / Vous êtes) encore en pyjama ?

④ (Je suis / Nous sommes) en colère.

①私たちは反対です。　②あなたは賛成ですか？　③まだパジャマなの？　④私は怒っています

2. 音声を聞いて、(　　　)にあてはまる語句を記入しましょう。

① (　　　　　　) à Paris ?

② (　　　　　　) à la maison aujourd'hui ?

③ (　　　　　　) en France.

④ (　　　　　　) de Tokyo.

①あなたはパリにいるのですか？　②今日は家にいる？　③わたしたちはフランスにいます。　④わたしは東京出身です。

一口メモ

êtreは「それ、これ、あれ」という意味をもつCeと一緒に使われて、c'est Sophie「あれは、ソフィーです」のように使います。
　　　　　　　　セ　　ソフィ

✓ être

avoir

耳から覚えるカンタン！フランス語文法

CD 16

avoirは「持つ」という意味の最重要動詞です。

🎵 音を聞いて覚えよう

avoir　j'ai

- ✅ jeは母音字の前でj'となるので、aiとくっついて1語で「ジェ」と発音します。

tu as

- ✅ asのsは発音しません。

nous avons
vous avez

- ✅ それぞれ、1語だと発音されないsの文字が、後ろに母音字が来ると「ズ」と発音され、「ヌ・ザ・ヴォン」と「ヴ・ザ・ヴェ」となります。

📄 まとめよう

avoir

わたし	j' ai	わたしたち	nous avons
あなた	tu as	あなた（たち）	vous avez
彼	il a	彼ら	ils ont
彼女	elle a	彼女ら	elles ont

問題にチャレンジ　　CD 17

1. 音声を聞いて、正しい方を○で囲みましょう。

① (J'ai / Nous avons) faim.

② (Tu as / Vous avez) peur ?

③ (J'ai / Nous avons) sommeil.

④ (Tu as / Vous avez) rendez-vous ?

①私たちはおなかがすいている。　②こわいの？　③私はねむいです。　④あなたは待ち合わせがありますか？

2. 音声を聞いて、(　　　)にあてはまる語句を記入しましょう。

① (　　　　　) 21 ans. (　　　　　　) un petit copain. Il a 20 ans.

② (　　　　　) des jumelles. Elles ont 5 ans.

③ (　　　　　) des frères et sœurs ?

④ (　　　　　) des animaux ?

①私は21歳です。彼氏がいます。彼は20歳です。　②私たちには女の子の双子がいます。彼女たちは5歳です。
③ご兄弟はいらっしゃいますか？　④動物は飼ってる？

一口メモ

avoirの意味は「〜を持つ」ですが、もっとひろい意味を持っています。たとえば年齢を言ったり、家族構成を説明したりするときに使えます。

✓ Avoir

耳から覚えるカンタン！フランス語文法

aller

CD 18

動詞allerは「〜へ行く」。よく使われますが、活用が不規則なので、きちんと覚えましょう。

🎵 音を聞いて覚えよう

aller　je vais

☑ もともとの動詞はaller「アレ」ですが、jeのときはrais「ヴェ」と音がまったく違うので注意。

tu vas

☑ tuの活用には最後に-sがつきますが、決して発音しません。

nous allons
vous allez

☑ 「ヌ・ザ」と「ヴ・ザ」とnousとavonsの間で「ザ」という音が入ります。

📄 まとめよう

aller

わたし	je	vais	わたしたち	nous	allons
あなた	tu	vas	あなた(たち)	vous	allez
彼／彼女	il / elle	va	彼ら／彼女ら	ils / elles	vont

問題にチャレンジ　　　CD 19

1. 音声を聞いて、正しい方を○で囲みましょう。

① (Je vais / Nous allons) à la banque.

② (Tu vas / Vous allez) à la piscine ?

③ (Nous allons / Vous allez) au café ?

④ (Je vais / Tu vas) à l'école.

①私たちは銀行に行きます。　②プールに行くの？　③あなたはカフェに行くのですか？　④私は学校に行きます。

2. 音声を聞いて、（　　　　）にあてはまる語句を記入しましょう。

① (　　　　　) à l'église.

② (　　　　　) au parc.

③ (　　　　　) à Paris ?

④ (　　　　　) à Séoul ?

①私は教会に行きます。　②私たちは公園に行きます。　③あなたたちはパリに行くのですか？　④ソウルに行くの？

一口メモ

allerはÇa va ?「元気？」とあいさつするときにも使います。Çaは「それ」という意味ですが、ばくぜんと相手の体調のことを指しています。

✓
aller

耳から覚えるカンタン！フランス語文法

faire

CD 20

動詞 faire は「〜する」。よく使われますが、活用が不規則なので、きちんと覚えましょう。

🎵 音を聞いて覚えよう

faire　je fais

- ☑ 不定詞は「フェール」ですが、je の活用は「フェ」となります。

tu fais

- ☑ tu の活用も je と同じく「フェ」です。

nous faisons

- ☑ ai は「エ」と読むのが大原則ですが、この nous の活用では原則を破って「ウ」と発音します。「フゾン」となります。

vous faites

- ☑ vous の活用は「フェットゥ」です。vous の活用は最後が -z で終わり「エ」と発音するのが大原則ですが、être と同じく、原則を破って -s で終わります。この -s は発音しません。

📋 まとめよう

faire

わたし	je fais	わたしたち	nous faisons
あなた	tu fais	あなた(たち)	vous faites
彼／彼女	il / elle fait	彼ら／彼女ら	ils / elles font

問題にチャレンジ　　　　　　　　　　　CD 21

1. 音声を聞いて、正しい方を○で囲みましょう。

① (Je fais / Nous faisons) du français.

② (Tu fais / Vous faites) la cuisine ?

③ (Tu fais / Vous faites) des courses cet après-midi ?

④ (Je fais / Nous faisons) le ménage.

①私たちはフランス語をやっています。　②料理はなさいますか？　③午後買い物する？　④私は掃除をします。

2. 音声を聞いて、(　　　　)にあてはまる語句を記入しましょう。

① Qu'est-ce que (　　　　　　　　) dans la vie ?

② (　　　　　　　　) un gâteau.

③ (　　　　　　　　) une promenade.

④ Qu'est-ce que (　　　　　　　　) ce week-end ?

①ご職業は何ですか？　②私たちはケーキを作ります。　③私は散歩をします。　④この週末は何をしてる？

一口メモ

faire は計算式を言うのに使われます。
2 plus 5 font 7「2たす5は7」。

faire

主語人称代名詞の使い分け

tuとvousの使い分け

フランス語では、相手に話しかけるときに、
tuとvousという2つの「あなた」があります。

tu 　家族や友人など、親しい相手に使う。
　　　Tu vas bien ?　元気

vous 初対面の相手や、お店のお客など、距離にある相手に使う。
　　　Vous allez bien ?　お元気ですか？

★一般に若い人たちは、最初からtuで話します。またフランスでは同僚同士もtuで話します。
★vousは「あなたたち」と複数の相手も指します。まとめると次のようになります。

vousを使う時	1. vousの間柄の相手が1人
	2. vousの間柄の相手が複数
	3. tuの間柄の相手が複数

il, elleが指すのは？

il/elleは「彼／彼女」だけではなく、
それぞれ3人称単数の「モノ」も指します。

Sophie ? Elle est là. 　ソフィ？彼女はあそこにいるよ。

Ma voiture ? Elle est là. 　私の車？それはあそこにあるよ。

★voitureは女性名詞なのでelleで受けます。

フランス語のもう１つの代名詞 on

on は主に次の２つの意味をもつ代名詞です。

on=*nous*「私たち」

会話でよく nous の代わりに使われます。
On va au Parc de Monceau.　モンソー公園に行こう。
(=nous)

on=*les gens*「人々」

On mange avec les baguettes au Japon.　日本では箸で食事をします。
(=les gens)

耳から覚えるカンタン！フランス語文法

フランス語の数字　CD 22

▶▶▶▶ 0～19

0	zéro	7	sept	14	quatorze
1	un/une	8	huit	15	quinze
2	deux	9	neuf	16	seize
3	trois	10	dix	17	dix-sept
4	quatre	11	onze	18	dix-huit
5	cinq	12	douze	19	dix-neuf
6	six	13	treize		

☑ 11から16までは1つの単語、17、18、19は「10＋1の位」です。18, 19のdixのxは[ス]ではなく[ズ]になります。

▶▶▶▶ 20～69

20	vingt	30	trente	68	soixante-huit
21	vingt et un / une	40	quarante	69	soixante-neuf
22	vingt-deux	50	cinquante		
23	vingt-trois	60	soixante		

☑ 21, 31...61はet un/uneをつけます。それ以外は、-をつけてそのまま1の位の数字を加えます。

▶▶ 70~79

70 *soixante-dix*　　　　**78** *soixante-dix-huit*
71 *soixante et onze*　　**79** *soixante-dix-neuf*
72 *soixante-douze*

✅ 70から79までは60＋10、60＋11～60＋19と数えます。71はet onzeとなります。

▶▶ 80~99

80 *quatre-vingts*　　　**89** *quatre-vingt-neuf*
81 *quatre-vingt-un*　　**90** *quatre-vingt-dix*
⋮　　　　　　　　　　　⋮
88 *quatre-vingt-huit*　**99** *quatre-vingt-dix-neuf*

✅ 80は4つの20という表し方をします。81から99は80＋1～80＋19と数えます。80の時だけvingtsとsをつけます。

▶▶ 100以上の大きな数字

100 *cent*　　　　　　　　　　**1000** *mille*
200 *deux cents*　　　　　　 **2000** *deux mille*
458 *quatre cent cinquante-huit*　**2010** *deux mille dix*

✅ centは端数が続くとsは省かれます。milleはsがつかない単語です。

フランス語の数字

男性形・女性形（1） CD 23

フランス語の男性形、女性形の変化を
音と一緒に覚えよう。

🎵 音を聞いて覚えよう

Il est étudiant. 彼は学生です。
Elle est étudiante. 彼女は学生です。

☑ 女性形には -e をつけます。男性形が子音で終わっているとその子音を発音するようになります。

Il est américain. 彼はアメリカ人です。
Elle est américaine. 彼女はアメリカ人です。

☑ -ain は「アン」と鼻母音ですが、-aine は「エヌ」と母音になります。

Il est italien. 彼はイタリア人です。
Elle est italienne. 彼女はイタリア人です。

☑ -en の女性形では -enne と n を2つ書きます。音は -en は「アン」と鼻母音ですが、-enne は「エヌ」と母音になります。

📋 まとめよう

男性形	女性形
–	-e
-en	-enne

問題にチャレンジ　　　CD 24

1. 音声を聞いて、[ ]にあてはまる語尾をリストから選んで記入しましょう。( )には男性形を書きましょう。

| de | se | ne | nne |

① Elle est portuguai[　　]. 　　Il est (　　　　　　).

② Elle est pharmacie[　　]. 　　Il est (　　　　　　).

③ Elle est marocai[　　]. 　　Il est (　　　　　　).

④ Elle est alleman[　　]. 　　Il est (　　　　　　).

①ポルトガル人　②薬剤師　③モロッコ人　④ドイツ人

2. 次の空欄を埋めて、表を完成させましょう。

男性形	女性形	
coréen	(　　　　)	韓国・朝鮮人
(　　　　)	espagnole	スペイン人
niçois	(　　　　)	ニースの人
(　　　　)	écrivaine	作家
mathématicien	(　　　　)	数学者

一口メモ

女性形で子音字を2つ書くのは、他にも
-on → -onne （bon→bonne よい）
-os → -osse （gros→grosse 太った）
-el → -elle （personnel→personnelle 個人的な）
などがあります。

男性形・女性形(1)

耳から覚えるカンタン！フランス語文法

男性形・女性形(2)　CD 25

フランス語の男性形、女性形の変化を音と一緒に覚えよう。

🎵 音を聞いて覚えよう

Il est infirmier. 　彼は看護師です。
Elle est infirmière. 　彼女は看護師です。

- ☑ -erは女性形では-èreとなります。男性形では発音されていないrの文字が女性形では発音されることに注意しましょう。

Il est vendeur. 　彼は店員です。
Elle est vendeuse. 　彼女は店員です。

- ☑ -eurは原則として女性形では-euseとなります。-euxで終わる場合も-euseとなります。

Il est traducteur. 　彼は翻訳家です。
Elle est traductrice. 　彼女は翻訳家です。

- ☑ -teurは原則として女性形では-triceとなります。

📋 まとめよう

男性形	女性形
-er	-ère
-eur	-euse
-eux	-euse
-teur	-trice

問題にチャレンジ　CD 26

1. 音声を聞いて、[　]にあてはまる語尾をリストから選んで記入しましょう。(　)には男性形を書きましょう。

euse　　ère　　trice

① Elle est pâtissi[　　　]. Il est (　　　　　).

② Elle est serv[　　　]. Il est (　　　　　).

③ Elle est direc[　　　]. Il est (　　　　　).

①お菓子職人　②ウエイター　③部長

2. 次の空欄を埋めて、表を完成させましょう。

男性形	女性形	意味
premier	(　　　　)	2番目の
(　　　　)	dernière	最後の
heureux	(　　　　)	幸せな
(　　　　)	studieuse	勉強家の

一口メモ

professeur(教師)、**chauffeur**(運転手)には女性形がなく、女性の教師、運転手にも男性形を使います。ただし最近は-eをつけて変化させることもあります。

男性形・女性形(2)

品質形容詞の位置　CD 27

名詞と形容詞の順番を理解しましょう。

🎵 音を聞いて覚えよう

un restaurant レストラン

un restaurant chinois 中国料理店

☑ フランス語では「形容詞は名詞の後ろ」が大原則です

un petit restaurant 小さなレストラン

un bon restaurant おいしいレストラン

☑ petit「小さい」、bon「良い」といった短い形容詞は名詞の前に置かれます。

un grand musicien 偉大なミュージシャン

un mauvais temps 悪い天気

☑ grand「大きい」、mauvais「悪い」も名詞の前に置かれます。grand／petit, bon／mauvaisと対にして覚えましょう。

📋 まとめよう

次の形容詞は、原則として名詞の前に置かれます。（　）は女性形です。

grand (grande)	大きい	jeune (jeune)	若い
petit (petite)	小さい	vieux (vieille)	歳をとった
bon (bonne)	良い	long (longue)	長い
mauvais (mauvaise)	悪い	gros (grosse)	太い
beau (belle)	きれいな	vrai (vraie)	本当の
joli (jolie)	かわいい		

問題にチャレンジ　　　　　　　　　　　　CD 28

音声を聞いて、リストからあてはまる形容詞を選んで
（　　）に記入しましょう。

grand petit bon mauvais jeune vieux long vrai

① C'est un (　　　　　) monsieur.

② C'est un (　　　　　) souvenir.

③ C'est un (　　　　　) homme.

④ C'est un (　　　　　) travail.

⑤ C'est un (　　　　　) projet.

⑥ C'est un (　　　　　) appartement.

⑦ C'est un (　　　　　) voyage.

⑧ C'est un (　　　　　) ami.

①それは老紳士です。　②それは悪い思い出です。　③それは若い男です。　④それはよい仕事です。
⑤それは大きなプロジェクトです。　⑥それは小さなアパルトマンです。　⑦それは長旅です。　⑧それは真の友人です。

一口メモ

感情をこめて表現するときにも、形容詞が前にくる場合があります。

C'est une exellente idée !

「それは素晴らしいアイデアだね！」

品質形容詞の位置

耳から覚えるカンタン！フランス語文法

序列数形容詞

CD 29

フランス語の「○○番目の」という表現を作り方と一緒に覚えましょう。

🎵 音を聞いて覚えよう

deux 2　**deuxième** 2番目の

six 6　**sixième** 6番目の

☑「～番目の」と言いたいときは、-ièmeをつけます。もともとのつづり字が-xで終わっている場合、「ズィエム」と発音します。

quatre 4　**quatrième** 4番目の

cinq 5　**cinquième** 5番目の

☑ 数字の最後に-eがある場合はそれを省きます。「4番目の」は、quatreの-eを省いてièmeをつけ、最後が「トリィエム」となります。cinqの場合はqの後にuが入り、最後が「キィエム」となります。

un/une 1　**premier/première** 1番目の

vingt et un 21　**vingt et unième** 21番目の

☑ 1だけは特別で、premierとなります。女性形はpremièreです。しかし21, 31など、～et unのunは、unième「ユニエム」を使います。

📗 まとめよう《序列数形容詞の作り方》

> 原則　　数字 + ième
>
> 1番目はpremier / premièreとなる。

問題にチャレンジ　　　CD 30

1. 数字を聞いて、その数字に対応する序列数形容詞を記入しましょう。数字を確認したいときはp.32～p.33をみてください。

   聞こえた数字を
   書き入れましょう。

   ① (　　) (　　　　　　　)

   ② (　　) (　　　　　　　)

   ③ (　　) (　　　　　　　)

   ④ (　　) (　　　　　　　)

2. 音声を聞いて、(　　　　　) に序列数形容詞を記入しましょう。

   ① J'habite dans le (　　　　　　　) arrondissement.

   ② La chambre est au (　　　　　　　) étage.

   ③ Nous sommes au (　　　　　　　) siècle.

   ④ Je suis en (　　　　　　　) année à l'université.

   ①私は6区に住んでいます。　②お部屋は6階になります。　③現在は21世紀です。　④私は大学の2年生です。

一口メモ

9 neufの序列数形容詞は、neuvième「ヌヴィエム」となり、fがvに変わります。

序列数形容詞

耳から覚えるカンタン！フランス語文法

所有形容詞
CD 31

「わたしの、あなたの」と人と人、人とものの結びつきを表します。

🎵 音を聞いて覚えよう

mon père わたしの父   **ma mère** わたしの母

mes parents わたしたちの両親

☑ monかmaかは自分が男か女かは関係なく、単語が男性名詞ならmon, 女性名詞ならmaです。複数の場合はどちらもmesです。

son oncle 彼の／彼女のおじ

sa tante 彼の／彼女のおば

☑ oncleが男性名詞だからson, tanteが女性名詞だからsaを選びます。「彼の」と「彼女の」の2つの可能性があります。

mon adresse わたしの住所

☑ 女性名詞でも、母音字か母音扱いのhで始まる場合は、monを使います。「モ・ナドレス」とnが発音されて、後ろの母音と、一緒に発音します。

📋 まとめよう

所有形容詞			
わたしの	mon	ma	mes
あなたの(tu)	ton	ta	tes
彼・彼女の	son	sa	ses
わたしたちの	notre		nos
あなた・あなたたち	votre		vos
彼ら・彼女らの	leur		leurs

問題にチャレンジ　　　　　　　　　　　　　CD 32

1. 音声を聞いて、mon, ma, mes のいずれかを記入しましょう。

① (　　　　) passeport

② (　　　　) valise

③ (　　　　) carte de crédit

④ (　　　　) vacances

⑤ (　　　　) billet d'avion

①パスポート　②スーツケース　③クレジットカード　④休暇　⑤飛行機チケット

2. 音声を聞いて、次の単語リストから適切な単語を選んで記入しましょう。

| argent | école | histoire | amie | idée | ordinateur |

① mon (　　　　)　　④ son (　　　　)

② son (　　　　)　　⑤ mon (　　　　)

③ mon (　　　　)　　⑥ son (　　　　)

①私のコンピュータ　②彼（彼女）の考え　③私のお金　④彼（彼女）の学校　⑤私の話　⑥彼（彼女）の女友達

一口メモ

「わたしたちの」、「あなた（たち）の」、「彼ら・彼女らの」は単数の名詞につくとき、男性名詞、女性名詞の関係なく **notre**, **votre**, **leur** を使います。

所有形容詞

耳から覚えるカンタン！フランス語文法

指示形容詞
(CD 33)

人やモノを「この、その、あの」と指し示すときに使います。

🎵 音を聞いて覚えよう

ce mot この単語

cette phrase この文

☑ ce「ス」、cette「セットゥ」と男性名詞の場合と女性名詞の場合では音がはっきり違います。

ces mots これらの単語　　**ces phrases** これらの文

ces images これらの絵

☑ 複数は男性名詞も、女性名詞も ces「女」です。母音字または母音扱いのhで始まる場合は、「ズ」の音が入ります。「セ・ズィマージュ」となります。

cet examen この試験

cette école この学校

☑ 母音字か母音扱いのhで始まる男性名詞の場合は、cetを使い、発音が「セ・テグ・ザ・マン」となります。女性名詞も、「セ・テコル」と続けて発音します。

📄 まとめよう

指示形容詞		
	男性	女性
単数	ce	cette
	cet	
複数	ces	

問題にチャレンジ　　　　　　　　　　　　　CD 34

1. 音声を聞いて、ce か cette のいずれかを記入しましょう。

① (　　　　) question

② (　　　　) texte

③ (　　　　) note

④ (　　　　) paragraphe

⑤ (　　　　) page

①質問　②テキスト　③点数　④段落　⑤ページ

2. 音声を聞いて、正しい名詞を○でかこむとともに、その前に適切な指示形容詞を書き入れましょう。

① _____ (étudiant　/　étudiante)

② _____ (instituteur　/　institutrice)

③ _____ (infirmier　/　infirmière)

④ _____ (animateur　/　animatrice)

①学生　②（小学校の）先生　③看護士　④司会者

一口メモ

指示形容詞は時間を表す名詞の前にも使われて、「今の」という意味になります。**ce matin**「今朝」、**cet après-midi**「今日の午後」と言います。

✓ 指示形容詞

耳から覚えるカンタン！フランス語文法

-er動詞の活用　CD 35

フランス語の動詞の9割を占める
-er動詞の活用を学びましょう。

🎵 音を聞いて覚えよう

donn*er* 　与える

☑ 動詞のもともとの形を不定詞と言います。-erは「エ」と発音します。rを発音しないように注意しましょう。

je donn*e* 　　**tu donn*es***
il/elle donn*e* 　　**ils / elles donn*ent***

☑ 不定詞から-erを取って、主語にあわせて語尾をつけますが、je, tu, il/elle, ils/ellesの活用の発音は同じです。donnerの場合ならば活用は「ドヌ」となります。

j'habite

☑ jeは後ろに母音または母音扱いのhで始まる動詞がくるとj'となります。

📄 まとめよう

donner

わたし	je donne	わたしたち	nous donn*ons*
あなた	tu donn*es*	あなた(たち)	vous donn*ez*
彼	il donne	彼ら	ils donn*ent*
彼女	elle donne	彼女ら	elles donn*ent*

ななめの部分が語尾です。

問題にチャレンジ　　　　　　　　　　　　　CD 36

1. 音声を聞いて、主語と、正しい活用の語尾を書きましょう。＿＿＿＿＿にはその動詞の不定詞を書きましょう。解答欄が２つある問題は、２通りの可能性があるという意味です。

　　　　　　　　　　　　　　　　　　　　動詞を書く欄

① (　　　　) chant [　　　] ＿＿＿＿＿＿＿＿＿＿＿＿＿

② (　　　　) regard [　　　] ＿＿＿＿＿＿＿＿＿＿＿＿＿

③ (　　　　) parl [　　　]

　 (　　　　) parl [　　　] ＿＿＿＿＿＿＿＿＿＿＿＿＿

④ (　　　　) travaill [　　　] ＿＿＿＿＿＿＿＿＿＿＿＿＿

⑤ (　　　　) lav [　　　]

　 (　　　　) lav [　　　] ＿＿＿＿＿＿＿＿＿＿＿＿＿

①歌う　②眺める　③話す　④仕事（勉強）をする　⑤洗う

2. 次の動詞をjeで活用しましょう。

① aimer（好きである） → ＿＿＿＿＿＿＿＿＿

② étudier（勉強する） → ＿＿＿＿＿＿＿＿＿

③ hésiter（ためらう） → ＿＿＿＿＿＿＿＿＿

④ oublier（忘れる）　 → ＿＿＿＿＿＿＿＿＿

⑤ utiliser（使う）　　 → ＿＿＿＿＿＿＿＿＿

一口メモ

nous, vousの活用では、それぞれ **-ons**「オン」、**-ez**「エ」と語尾を発音します。

-er 動詞の活用

耳から覚えるカンタン！フランス語文法

-ir 動詞の活用（1） CD 37

-irで不定詞が終わる動詞の活用を学びましょう。

🎵 音を聞いて覚えよう

finir 終える　*je finis*

☑ 不定詞は「フィニール」と最後の-rを発音します。このrを取って、主語にあわせて語尾をつけます。je finisの-sは発音しません。

nous finissons
vous finissez
ils / elles finissent

☑ 複数の人称で-ss-「ス」という音が入るのがこの動詞の仲間の活用の特徴です。

📖 まとめよう

finir

わたし	je finis	わたしたち	nous finissons
あなた	tu finis	あなた（たち）	vous finissez
彼	il finit	彼ら	ils finissent
彼女	elle finit	彼女ら	elles finissent

ななめの部分が語尾です。

問題にチャレンジ CD 38

音声を聞いて、主語と正しい語尾を書きましょう。
＿＿＿＿にはその動詞の不定詞を書きましょう。

動詞を書く欄

① (　　　　) choisi[　　　]　_____

② (　　　　) réussi[　　　]　_____

③ (　　　　) réfléchi[　　　]　_____

④ (　　　　) grandi[　　　]　_____

⑤ (　　　　) garanti[　　　]　_____

⑥ (　　　　) rempli[　　　]　_____

⑦ (　　　　) rougi[　　　]　_____

⑧ (　　　　) réuni[　　　]　_____

①選ぶ　②成功する　③よく考える　④大きくなる　⑤保証する　⑥記入する　⑦赤くなる　⑧招集する

一口メモ

-irで終わる動詞がすべてこの活用をするわけではありません。
たとえばdormir (眠る) は違う活用です (→p.50)。
どの活用パターンかは辞書で調べる必要があります。

-ir 動詞の活用

耳から覚えるカンタン！フランス語文法

-ir 動詞の活用(2)　CD 39

-ir 動詞のなかでも -mir, -tir, -vir で
不定詞が終わる動詞の活用を学びましょう。

🎵 音を聞いて覚えよう

dormir 眠る　　**je dors**

☑ 不定詞の最後の-mirは「ミール」と発音します。jeの活用はこの-mirをとって-sをつけます。この-sは発音しません。「ドール」となります。

nous dormons
vous dormez
ils/elles dorment

☑ 複数の人称で、それぞれ「ドルモン」、「ドルメ」、「ドルム」と -m- 「ム」の音が入るのがこの動詞グループの活用の特徴です。

📄 まとめよう

dormir

わたし	je dors	わたしたち	nous dormons
あなた	tu dors	あなた(たち)	vous dormez
彼	il dort	彼ら	ils dorment
彼女	elle dort	彼女ら	elles dorment

ななめの部分が語尾です。複数では -m- がはいり、この -m- は発音されます。

問題にチャレンジ　　　　　　　　　　　　　　　CD 40

音声を聞いて、主語と正しい語尾を書きましょう。
_____にはその動詞の不定詞を書きましょう。

動詞を書く欄

① (　　　　) par [　　　] _____

② (　　　　) ser [　　　] _____

③ (　　　　) sor [　　　] _____

④ (　　　　) men [　　　] _____

⑤ (　　　　) dor [　　　] _____

⑥ (　　　　) sen [　　　] _____

①出発する　②（食事を）よそう　③外出する　④嘘をつく　⑤眠る　⑥感じる

一口メモ

この活用のグループには重要な動詞がいくつも含まれますが、数は多くありません。
練習問題に出てきた動詞をマスターすればまず不自由しません。

-ir
動詞の活用(2)

耳から覚えるカンタン！フランス語文法

-dre 動詞の活用　CD 41 (Disk2_01)

-dre で不定詞が終わる動詞の活用を学びましょう。

🎵 音を聞いて覚えよう

descendre　下がる，下りる

☑ 不定詞の最後は「ドゥル」と発音します。

je descends
tu descends

☑ -dre の代わりに -ds をつけますが、この -ds は発音しません。「デサン」となります。

il / elle descend
ils / elles descendent

☑ il, elle は -dre の代わりに -d をつけますが、この -d は発音しません。je, tu と同じく「デサン」です。複数のときは「デサンドゥ」と d を発音します。

📄 まとめよう

descendre

わたし	je descends	わたしたち	nous descendons
あなた	tu descends	あなた(たち)	vous descendez
彼	il descend	彼ら	ils descendent
彼女	elle descend	彼女ら	elles descendent

ななめの部分が語尾です。複数の人称では -d- が入り、この -d- は発音されます。

問題にチャレンジ

CD 42 (Disk2_02)

音声を聞いて、主語と正しい活用の語尾を書きましょう。
_____にはその動詞の不定詞を書きましょう。

① (　　　　　) enten[　　　] _____

② (　　　　　) atten[　　　] _____

③ (　　　　　) préten[　　　] _____

④ (　　　　　) ren[　　　] _____

⑤ (　　　　　) per[　　　] _____

⑥ (　　　　　) répon[　　　] _____

⑦ (　　　　　) répan[　　　] _____

⑧ (　　　　　) ven[　　　] _____

①聞こえる ②待つ ③言い張る ④返す ⑤失う ⑥答える ⑦こぼす、広める ⑧売る

一口メモ

不定詞が **-andre, -endre, -ondre, -rdre** で終わる動詞がこの活用をします。しかしprendre（取る）は例外です（→p.55）。

-dre 動詞の活用

コラム2

動詞の活用パターン

動詞の活用は複雑なようにみえて、実はちゃんとした原則があります。原則さえきちんとおさえれば、例外があってもこわくありません。

📝 動詞の最後の部分（＝語尾）の2つのパターン

パターン1

je -e	nous -ons
tu -es	vous -ez
il -e	ils -ent
elle -e	elles -ent

パターン2

je -s	nous -ons
tu -s	vous -ez
il -t	ils -ent
elle -t	elles -ent

パターン1
-er動詞の活用はこのパターンです。
- 例 donner：-erを省いたdonn-にそれぞれの語尾をつける。
  je donne, tu donnes…(→p.46)

パターン2
**それ以外の動詞の多くがこのパターンです。
ただし、様々なバリエーションあります。**
- 例 finir：-rを省いたfini-にそれぞれの語尾をつける。
  ただし複数人称で-ss-を入れる。je finis, …, nous finissons…(→p.48)

- 例 dormir：-mirを省いたdor-にそれぞれの語尾をつける。
  ただし複数人称で-m-を入れる。je dors, …, nous dormons…(→p.50)

✅ フランス語の多くの動詞はパターン2を基本としながらも、かなり大きく変化するものもあります。原則を踏まえながら、いくつかの重要な動詞の活用を整理してみましょう。

パターン2のいくつかのバリエーション　CD 43 (Disk2_03)

dire　言う

je	dis	nous	di**s**ons
tu	dis	vous	di**t**es
il	di**t**	ils	dis**ent**
elle	di**t**	elles	dis**ent**

- 単数では di- に語尾をつける。
- 複数の nous, ils, elles では、-s- を入れてから原則の語尾をつける。
- vous はきわめて例外的に -tes となる。

prendre　取る

je	prends	nous	pren**ons**
tu	prends	vous	pren**ez**
il	prend	ils	prenn**ent**
elle	prend	elles	prenn**ent**

- 単数の il, elle で語尾の -t が消える。
- 複数の nous, vous では、語幹が pren- となる。
- 複数の ils, elles では、語幹が prenn- となる。

venir　来る

je	viens	nous	ven**ons**
tu	viens	vous	ven**ez**
il	vient	ils	vienn**ent**
elle	vient	elles	vienn**ent**

- 単数では vien- に語尾をつける。
- 複数の nous, vous では、語幹が ven- となる。
- 複数の ils, elles では、語幹が vienn- となる。

voir　見る

je	vois	nous	voy**ons**
tu	vois	vous	voy**ez**
il	voit	ils	voi**ent**
elle	voit	elles	voi**ent**

- 単数と複数の ils, elles では voi- に語尾をつける。
- 複数の nous, vous では、語幹が voy- となる。

connaître　知る

je	connais	nous	connai**ss**ons
tu	connais	vous	connai**ss**ez
il	connaît	ils	connai**ss**ent
elle	connaît	elles	connai**ss**ent

- 単数では connai- に語尾をつける。ただし il, elle の時 î となる。
- 複数では、-ss- を入れる。

否定文

CD 44 (Disk2_04)

フランス語の否定文の作り方を学びましょう。

🎵 音を聞いて覚えよう

Je comprends. わかります。

Je ne comprends pas. わかりません。

☑ 動詞を ne と pas の2つの単語ではさんで否定文を作ります。

J'aime ça. 私はそれが好きです。

Je n'aime pas ça. 私はそれが好きではありません。

☑ 母音字または母音扱いのhで始まるときの音の変化に注意しましょう。j'aime「ジェム」が je n'aime「ジュ・ネム」となります。

Je comprends pas.

J'aime pas ça.

☑ くだけた会話ではよく ne が省略されます。この場合は「パ」の音で否定だと判断します。

📖 まとめよう

> **ne + 動詞 + pas**

くだけた会話では ne が省略されることがある。

問題にチャレンジ　　　　　　　　　　CD 45
(Disk2_05)

1. 聞こえた方を○でかこみましょう。

① je sais pas.　／　je ne sais pas.

② il est pas là.　／　il n'est pas là.

③ je travaille pas le dimanche.　／　je ne travaille pas le dimanche.

④ elle répond pas.　／　elle ne répond pas.

①知りません。　②彼はいません。　③私は日曜日は勉強しません。　④彼女からの返事はありません。

2. 左側の活用を、否定文にしましょう。

① j'écoute　→　_____（écouter：聞く）

② j'hésite　→　_____（hésiter：躊躇する）

③ j'accepte　→　_____（accepter：受け入れる）

④ j'insiste　→　_____（insister：強調する）

57

一口メモ

pasをplusにすると「もはや〜ない」という意味になります。たとえば **je n'aime plus ça** ならば「もうそれは好きではない」となります。

否定文

耳から覚えるカンタン！フランス語文法

否定のde

CD 46 (Disk2_06)

否定文で冠詞が変化する場合を学びましょう。

🎵 音を聞いて覚えよう

Tu as un caméscope ?
ビデオカメラ持っている？

- Non, je n'ai pas de caméscope.
いいや、ビデオカメラは持っていないよ。

> ✅ 否定文で、目的語の前にある不定冠詞、部分冠詞はdeに変わります。pas de「パッドゥ」をひとつの音のかたまりとして一息で発音しましょう。

Ce n'est pas un caméscope.
それはビデオカメラではありません。

> ✅ この文ではcaméscopeは文の目的語ではないので、unのままです。pas un「パザン」とリエゾンします。

Je n'ai pas d'amis français.
それは好きです。

> ✅ d'amis「ダミ」と、deは母音字または母音扱いのhの前でd'となります。

📄 まとめよう

```
否定文で   不定冠詞(un, une, des)
          部分冠詞(du, de la, de l')
                    ↓
     ne + 動詞 + pas de (d') + 名詞
                              (目的語)
```

問題にチャレンジ

CD 47
(Disk2_07)

1. 音声を聞いて、下線部分に適切な語を書きましょう。

① Je n'aime pas _____ café.

② Je ne bois pas _____ café.

③ Tu as _____ frères ?

④ Je n'ai pas _____ frères.

①コーヒーは好きではありません。 ②コーヒーは飲みません。 ③男の兄弟はいる？ ④男の兄弟はいないよ。

2. 聞こえた方を○でかこみましょう。

① J'ai de l'argent.   /   Je n'ai pas d'argent.

② Tu as des idées ?   /   Tu n'as pas d'idées ?

③ J'ai un ordinateur.   /   Je n'ai pas d'ordinateur.

④ J'ai de l'eau minérale.   /   Je n'ai pas d'eau minérale.

①私はお金がありません。 ②なにかアイデアある？ ③コンピュータは持っていません。
④ミネラルウォーターは持っていません。

一口メモ

冠詞が **de** に変わるのは、目的語の前の**不定冠詞、部分冠詞**だけです。**定冠詞**はどんな場合でも変化しません。

否定のde

耳から覚えるカンタン！フランス語文法

疑問文
CD 48 (Disk2_08)

フランス語の疑問文の作り方を学びましょう。

🎵 音を聞いて覚えよう

Vous prenez cette chemise ?
Prenez-vous cette chemise ?
このシャツになさいますか？

- ☑ 口頭ではイントネーションだけを上げて質問文をつくることがよくありますが、正式には主語と動詞をひっくり返して疑問文を作ります。これを倒置疑問文と言います。動詞と主語の間は - で結びます。

Est-ce que vous prenez cette chemise ?
このシャツになさいますか？

- ☑ Est-ce que は疑問文を作る定型表現です。この場合は、主語と動詞をひっくり返しません。

Va-t-il à Paris ?
彼はパリに行きますか？

- ☑ il, elle の疑問文のとき、動詞の最後が -a, -e で終わっている場合、-t- をはさみます。どんな動詞でも il, elle, ils, elles の倒置疑問文には必ず、「トゥ」の音が入ります。

📄 まとめよう

> **疑問文の作り方**
> 1. 《動詞 - 主語》の順番にしてイントネーションを上げる。＜丁寧＞
> 2. Est-ce que を文頭につける。＜標準＞
> 3. 文末のイントネーションを上げる。＜口頭表現＞

問題にチャレンジ　　　CD 49 (Disk2_09)

1. 音声を聞いて、正しい方を○で囲みましょう。

① (Voyez-vous　/　Vous voyez) l'église ?

② (Avez-vous　/　Vous avez) votre passeport ?

③ (Venez-vous　/　Vous venez) du Japon ?

④ (Voulez-vous　/　Vous voulez) du thé ?

①教会が見えますか？　②パスポートはお持ちですか？　③日本からいらっしゃったのですか？　④お茶はいかがですか？

2. 音声を聞いて＿＿＿＿にあてはまる語句を記入しましょう。また（　）には活用されている動詞の不定詞を書きましょう。

① ＿＿＿＿＿＿＿＿＿＿ -il ?　　（　　　　　）

② ＿＿＿＿＿＿＿＿＿＿ -elle ?　（　　　　　）

③ ＿＿＿＿＿＿＿＿＿＿ -il ?　　（　　　　　）

④ ＿＿＿＿＿＿＿＿＿＿ -elle ?　（　　　　　）

①〜である。　②行く　③与える　④持つ

一口メモ

倒置の否定疑問文（〜ではないですか？）は、**ne prenez-vous pas〜?** となります。

疑問文

耳から覚えるカンタン！フランス語文法

Oui, Non, Si.

(CD 50 / Disk2_10)

フランス語の3種類の返事の仕方を学びましょう。

🎵 **音を聞いて覚えよう**

Tu manges à la cafeteria ?
カフェテリアで食べる？

- Oui, je mange à la cafeteria.
うん、カフェテリアで食べるよ。

- Non, je ne mange pas à la cafeteria.
うん、カフェテリアでは食べません。

> ☑ 「〜ですか？」と質問されて、「そうです」と肯定で答えるときはouiで、否定で答えるときはnonで返事をします。

Tu ne manges pas à la cafeteria ?
カフェテリアで食べないの？

-Si, je mange à la cafeteria.
いいや、カフェテリアで食べるよ。

- Non, je ne mange pas à la cafeteria.
うん、カフェテリアでは食べません。

> ☑ 「〜ではないですか？」と否定の質問をされて、「いや、そうですよ」と肯定で答えるときはsiを使います。質問された通り「そうではない」ならばnonを使って返事をします。

📋 **まとめよう**

肯定疑問（〜ですか？）		否定疑問（〜ではないですか？）	
↓		↓	↘
肯定の返事 oui	否定の返事 non		肯定の返事 si

問題にチャレンジ

CD 51 (Disk2_11)

質問文の答えとして、oui, non, si のうち正しいものを _____ に書きましょう。

使われている動詞：comprendre 理解する

① _____ , je ne comprends pas.

② _____ , je comprends.

③ _____ , je comprends.

使われている動詞表現：être d'accord 賛成する

④ _____ , je suis d'accord.

⑤ _____ , je ne suis pas d'accord.

⑥ _____ , je suis d'accord.

使われている動詞表現：avoir de la monnaie 小銭を持っている

⑦ _____ , je n'ai pas de monnaie.

⑧ _____ , j'ai de la monnaie.

⑨ _____ , je n'ai pas de monnaie.

一口メモ

oui, non, si は日本語に置き換えるとかえってこんがらがってしまいます。否定で答えるときはとにかく **non**, 否定に肯定で答えるときには **si** と覚えてしまいましょう。

Oui, Non, Si.

耳から覚えるカンタン！フランス語文法

疑問詞（代名詞）

CD 52
(Disk2_12)

フランス語の〈誰が、何が、誰を、何を〉を訊ねる表現を学びましょう。

🎵 音を聞いて覚えよう

Qui vient ce soir ?
今夜誰が来ますか？

Qu'est-ce qui ne va pas ?
何がうまくいかないのですか？

- ☑ 「誰が」は qui「キ」で訊ねます。「何が」は qu'est-ce qui「ケスキ」です。

Qui est-ce que vous cherchez ?
誰をお探しですか？

Qu'est-ce que vous cherchez ?
何をお探しですか？

- ☑ 「誰を」、「何を」はそれぞれ qui, que に est-ce que を加えてつくりますが、que はエリズィオンをするので、qu'est-ce que「ケスク」となります。

📄 まとめよう

	主語〈〜が〉	目的語〈〜を〉
人〈誰?〉	qui (qui est-ce qui もあり)	qui est-ce que (qui だけで「誰を」を表すことができるが、qui cherchez-vous と主語と動詞を倒置する)
もの〈何?〉	qu'est-ce qui	qu'est-ce que (que だけで「何を」を表すことができるが、que cherchez-vous と主語と動詞を倒置する)

問題にチャレンジ　　　　　　　　　　　CD 53 (Disk2_13)

1. 音声を聞いて、（　　）にあてはまる語句を記入しましょう。

① (　　　　　　　　) vous prenez ?

② (　　　　　　　　) va chercher Sophie ?

③ (　　　　　　　　) vous attendez ?

④ (　　　　　　　　) est arrivé ?

①何を注文しますか？　②だれがソフィーを迎えに行く？　③あなたは誰を待っているのですか？　④何が起きたのですか？

2. 質問文を聞いて、その質問文の答えとしてふさわしい表現を表現リストから選んで＿＿＿＿＿＿に記入しましょう。

表現リスト

> Je cherche Pierre.（私はピエールを探しています）
> Je cherche mes lunettes.（私は自分の眼鏡を探しています）
> C'est Pierre.（それはピエールです）
> C'est le disque dur.（それはハードディスクです）

① ＿＿＿＿＿＿＿＿＿＿　③ ＿＿＿＿＿＿＿＿＿＿

② ＿＿＿＿＿＿＿＿＿＿　④ ＿＿＿＿＿＿＿＿＿＿

一口メモ

「それは誰ですか？」、「それは何ですか？」と訊ねるときは、それぞれ **Qui est-ce ?**, **Qu'est-ce que c'est ?** を使います。

疑問詞（代名詞）

耳から覚えるカンタン！フランス語文法

疑問詞（副詞）
CD 54 (Disk2_14)

フランス語の〈いつ、どこ、どのように、どれだけ〉を訊ねる表現を学びましょう。

🎵 音を聞いて覚えよう

Vous venez comment ?

Comment venez-vous ?
どうやっていらっしゃいますか？

- ☑ 口頭では疑問詞が最後になります。疑問詞が最初ならば主語と動詞をひっくり返します。comment「どのように」は最後のtを発音しません。

Quand est-ce que vous venez ?
いついらっしゃいますか？

- ☑ 〈疑問詞＋est-ce que〉も可能です。この場合は主語と動詞をひっくり返しません。quandのdは普段は発音しませんが、リエゾンをすると「トゥ」の音になります。

C'est combien ? それはいくらですか？

C'est où ? それはどこですか？

- ☑ 口頭ではC'estの後に疑問詞を続けることができます。

📄 まとめよう

疑問詞のある疑問文の作り方

> 1. 疑問詞＋動詞-主語〜？
> 2. 疑問詞＋est-ce que＋主語＋動詞〜？
> 3. 主語＋動詞＋疑問詞？

疑問詞は... quand いつ　où どこ　comment どのように　combien どれだけ

問題にチャレンジ

CD 55 (Disk2_15)

1. 音声を聞いて、(　　　)に単語を記入しましょう。

① Ça marche (　　　　　) ?

② (　　　　　) habitez-vous ?

③ Ça coûte (　　　　　) ?

④ (　　　　　) est-ce qu'il revient ?

① それはどうやって動くのですか？　② あなたはどこに住んでいるのですか？　③ それはいくらですか？
④ いつ彼は戻ってきますか？

2. 質問文を聞いて、その質問文の答えとしてふさわしい表現を表現リストから選んで＿＿＿＿に記入しましょう。

表現リスト

| demain (明日) | en bus (バスで) |
| en Espagne (スペインへ) | 3 personnes (3人) |

① ＿＿＿＿＿＿＿＿＿＿　③ ＿＿＿＿＿＿＿＿＿＿

② ＿＿＿＿＿＿＿＿＿＿　④ ＿＿＿＿＿＿＿＿＿＿

一口メモ

疑問詞にはもうひとつ **pourquoi**「なぜ」があります。

疑問詞（副詞）

耳から覚えるカンタン！フランス語文法

疑問形容詞 quel
CD 56 (Disk2_16)

名詞にかかる疑問のことば、quel を学びましょう。

🎵 音を聞いて覚えよう

On est quel jour ?
今日は何曜日？

Quel temps fait-il là-bas ?
そちらはどんな天気ですか？

☑ quel は名詞に関係して、「どの、どんな」と訊ねる疑問形容詞です。

Quelle couleur aimez-vous ?
どんな色が好きですか？

Vous êtes de quelle nationalité ?
あなたの国籍はどちらですか？

☑ quel は名詞に関係するので、その名詞と性・数の一致をします。発音は同じで「ケル」です。de quelle nationalité の de は「～に属する」という意味です。

📄 まとめよう

疑問形容詞 quel の形

	単数	複数
男性	quel	quels
女性	quelle	quelles

どの形も発音は「ケル」です。

問題にチャレンジ　　　CD 57 (Disk2_17)

1. 質問文を聞いて、その答えとして正しい文を ⓐ～ⓓ の なかから選んでアルファベを欄に記入しましょう。

①	②	③	④

ⓐ Je suis anglaise.

ⓑ Le bleu.

ⓒ Jeudi.

ⓓ Il fait beau.

ⓐ イギリス人です。　ⓑ 青色です。　ⓒ 木曜日です。　ⓓ よい天気です。

2. 文を聞いて、(　　　)の中にあてはまるものを語句リストから選んで記入しましょう。

quel âge　en quelle année　à quel étage　quelle heure

① Il est (　　　　　　　)?

② Tu es né (　　　　　　　)?

③ Tu habites (　　　　　　　)?

④ Tu as (　　　　　　　)?

① 何時？　② 何年に生まれたの？　③ 何階に住んでいるの？　④ 何歳？

一口メモ

quel は「驚き」を表すのにも使われます。
例 Quel mauvais temps !「何てひどい天気！」

疑問形容詞
quel

耳から覚えるカンタン！フランス語文法

avoirを使った複合過去形
CD 58 (Disk2_18)

avoirを助動詞に使った複合過去形を学びましょう。

🎵 音を聞いて覚えよう

ここではavoirを助動詞に使った-er動詞の複合過去形を例にとります。

marcher 歩く　marché

☑ どちらも音は「マルシェ」ですが、-éで終わるほうは過去分詞と言います。

je marche　j'ai marché

☑「〜した」と言いたいときは、avoirの現在形の活用のあとに、過去分詞をつけます。「ジェ　マルシェ」と「エ」の音が過去形のポイントです。

📄 まとめよう

> **avoirの現在形の活用 + 動詞の過去分詞 = 複合過去形**

このavoirは動詞ではなく、過去形を作る「助け」をする助動詞です。
助動詞と過去分詞を組み合わせて時制を作るので、「複合過去」と言います。

marcher

わたし	j' ai marché	わたしたち	nous avons marché
あなた	tu as marché	あなた（たち）	vous avez marché
彼	il a marché	彼ら	ils ont marché
彼女	elle a marché	彼女ら	elles ont marché

問題にチャレンジ

音声を聞いて、聞こえた方を○で囲みましょう。

① regarder：眺める　　　　je regarde　　　j'ai regardé

② travailler：勉強する　　　je travaille　　　j'ai travaillé

③ annuler：キャンセルする　j'annule　　　　j'ai annulé

④ donner：与える　　　　　je donne　　　　j'ai donné

⑤ écouter：聴く　　　　　　j'écoute　　　　j'ai écouté

⑥ inviter：招待する　　　　j'invite　　　　　j'ai invité

⑦ voyager：旅行する　　　je voyage　　　　j'ai voyagé

⑧ oublier：忘れる　　　　　j'oublie　　　　　j'ai oublié

一口メモ

複合過去形は「〜した」と**「現在における完了」**と「〜したことがある」という**「経験」**を表現することができます。

avoirの複合過去形

耳から覚えるカンタン！フランス語文法

過去分詞の作り方　CD 60 (Disk2_20)

-er動詞以外の主な動詞の過去分詞を学びましょう。

🎵 音を聞いて覚えよう

finir 終える　　*fini*

dormir 眠る　　*dormi*

- ☑ 不定詞は「イール」で終わりますが、過去分詞は-rがなくなり、「イ」の音で終わります。

attendre 待つ　*attendu*

- ☑ 不定詞は「ドルゥ」で終わりますが、過去分詞は「デュ」-と音が変化します。

📋 まとめよう

過去分詞は、原則として、不定詞にあわせて次の3種類にまとめられます。

-er → -é	**marcher** j'ai marché, tu as marché, ...
-ir → -i	**finir** j'ai fini, tu as fini, ...
-dre → -u	**attendre** j'ai attendu, tu as attendu, ...

問題にチャレンジ

CD 61
(Disk2_21)

1. 音声を聞いて、聞こえた方を○で囲みましょう。

① réussir：成功する　　　je réussis　　　j'ai réussi

② obéir：従う　　　　　　j'obéis　　　　j'ai obéi

③ sentir：感じる　　　　je sens　　　　j'ai senti

④ servir：(食事を)よそう　je sers　　　　j'ai servi

2. 音声を聞いて、聞こえた方を○で囲みましょう。

① rendre：返す　　　　　je rends　　　　j'ai rendu

② entendre：聞こえる　　j'entends　　　j'ai entendu

③ perdre：なくす　　　　je perds　　　　j'ai perdu

④ répondre：答える　　　je réponds　　　j'ai répondu

一口メモ

finirのグループとdormirのグループは現在形では異なった活用をしますが (→ p.48, p.50)、過去分詞は同じで、**-i** となります。

✓ 過去分詞の作り方

耳から覚えるカンタン！フランス語文法

être を使った複合過去形

CD 62 (Disk2_22)

être を助動詞に使った複合過去形を学びましょう。

🎵 音を聞いて覚えよう

aller 行く　*allé*

✅ aller の現在形は不規則活用ですが（→p.26）、過去分詞は原則通り -é となります。音は不定詞と同じです。

il est allé　*elle est allée*　*je suis allé(e)*

✅ aller は複合過去形を作るときに、avoir ではなく être の現在形を使います。その場合主語が女性ならば過去分詞に -e をつけます。しかし allé も allée も音は変わりません。

📄 まとめよう

| être の現在形の活用 ＋ 動詞の過去分詞 ＝ 複合過去形 |

être を使うのは、主に以下の移動を表す動詞です。

arriver (到着する)	partir (出発する)	entrer (中に入る)	sortir (外に出る)
aller (行く)	venir (来る)	monter (上がる)	descendre (下がる)
naître (生まれる)	mourir (死ぬ)	rester (とどまる)	

aller

わたし	je　suis allé(e)	わたしたち	nous sommes allé(e)s
あなた	tu　es allé(e)	あなた(たち)	vous êtes allé(e)(s)
彼	il　est allé	彼ら	ils　sont allés
彼女	elle est allée	彼女ら	elles sont allées

vous が1人の男性を指すならば vous êtes allé、女性ならば vous êtes allée,「あなたたち」と複数ならば、vous êtes allés,「あなたたち」が全員女性ならば vous êtes allées と書きます。

問題にチャレンジ

CD 63 (Disk2_23)

音声を聞いて、聞こえた方を○で囲みましょう。

① arriver : 到着する　　j' arrive　　　　je suis arrivé(e)

② partir : 出発する　　elle part　　　　elle est partie

③ descendre : 降りる　ils descendent　ils sont descendus

④ rester : とどまる　　je reste　　　　je suis resté(e)

⑤ aller : 行く　　　　 il va　　　　　　il est allé

⑥ monter : 上る　　　elle monte　　　elle est montée

⑦ entrer : 入る　　　　j'entre　　　　　je suis entré(e)

⑧ sortir : 外に出る　　elle sort　　　　elle est sortie

一口メモ

左ページの動詞リストの中でmourirだけがil est mort「モール」、**elle est morte**「モルトゥ」と音が変化します。

☑ êtreの複合過去形

耳から覚えるカンタン！フランス語文法

複合過去形の否定文

CD 64
(Disk2_24)

複合過去形を否定文にするときの
ne～pasの位置を学びましょう。

🎵 音を聞いて覚えよう

J'ai voyagé. 私は旅行をしました。

Je n'ai pas voyagé.

Hier soir, je suis sorti(e). 昨晩私は外出しました。

Je ne suis pas sorti(e).

☑ 複合過去形を否定文にするときは助動詞のavoir、êtreをneとpasではさみます。avoirの時は「ジェ」が「ジュネパ」と変わります。

Il a voyagé.

Il n'a pas voyagé.

Il est venu.

Il n'est pas venu.

☑ 肯定形では、それぞれil a「イラ」、il est「イレ」となりますが、否定文ではneが入るためil n'a「イル ナ」, il n'est「イル ネ」となります。

📝 まとめよう

ne (n') あるいは avoir / être + pas + 過去分詞

問題にチャレンジ　CD 65 (Disk2_25)

1. 音声を聞いて、1番目に聞こえた方に①を、2番目に②を入れましょう。

① regarder：眺める
　（　）je ne regarde pas　　（　）je n'ai pas regardé

② aller：行く
　（　）je ne vais pas　　（　）je ne suis pas allé(e)

③ descendre：下りる
　（　）je ne descends pas　　（　）je ne suis pas descendu(e)

④ comprendre：理解する
　（　）je ne comprends pas　　（　）je n'ai pas compris

2. 質問を聞いて、その質問に否定で答えましょう。

① Non, ＿＿＿＿＿＿＿＿ aimé.

② Non, ＿＿＿＿＿＿＿＿ parti.

③ Non, ＿＿＿＿＿＿＿＿ venue.

④ Non, ＿＿＿＿＿＿＿＿ mangé.

①彼は好きでしたか？　②彼は出発しましたか？　③彼女はきましたか？　④彼女は食べましたか？

一口メモ

過去分詞が母音字または母音扱いのhで始まる場合、pasとリエゾンするのが一般的です。
je ne suis pas allé(e) のpas allé(e)は、「パ ザレ」となります。

複合過去形の否定文

pouvoir / vouloir / devoir ＋不定詞

pouvoir, vouloir, devoir の活用と意味を覚えましょう。

🎵 音を聞いて覚えよう

Je peux venir demain.
私は明日来ることができます。

Pouvez-vous attendre un petit peu ?
少し待っていただけますか？

> ✅ pouvoirのjeの活用はpeuxです。«ou» と «eu» の音の違いに注意しましょう。je peux〜で「可能」を表します。Pouvez-vous〜？で相手への丁寧な「依頼」を表します。

Je veux manger des escargots !
エスカルゴが食べたいな！

Mon père veut aller en France.
私の父親はフランスに行きたがっている。

> ✅ vouloirのjeの活用はveuxです。やはり «ou» と «eu» の音の違いに注意しましょう。vouloirは「願望」を表すことができます。

Je dois travailler demain.
明日は仕事をしなくてはならない。

Tu ne dois pas prendre d'alcool.
お酒を飲んではだめだよ。

> ✅ devoirは「義務」を表しますが、否定では「禁止」を表します。

📎 一口メモ

pouvoirは例えば«Ça peut être utile»「それは役立つかもしれない」のように、「推測」を表現することもできます。

まとめよう　pouvoir, vouloir, devoirの活用

pouvoir			vouloir			devoir		
je	peux	nous **pouvons**	je	**veux**	nous **voulons**	je	**dois**	nous **devons**
tu	peux	vous **pouvez**	tu	**veux**	vous **voulez**	tu	**dois**	vous **devez**
il	peut	ils **peuvent**	il	**veut**	ils **veulent**	il	**doit**	ils **doivent**
elle	**peut**	elles **peuvent**	elle **veut**		elles **veulent**	elle **doit**		elles **doivent**

je, tu の活用で、pouvoir も vouloir も -x で終わることに注意しましょう。

問題にチャレンジ

CD 67 (Disk2_27)

音声を聞いて、(　)にあてはまる語句を記入しましょう。

① (　　　　　) apprendre l'anglais.

② (　　　　　) visiter les Arènes de Nîmes.

③ (　　　　　) venir à six heures du matin.

④ (　　　　　) me dire où est la gare ?

⑤ (　　　　　) aller toute seule.

⑥ (　　　　　) arriver avant 8 heures.

⑦ (　　　　　) jouer de la guitare.

⑧ (　　　　　) revoir Claire.

①英語を学ばなくてはならない。　②彼はニームの古代闘牛場を見学したがっている。
③朝6時に来ることができます。　④駅がどこにあるか教えていただけますか？　⑤1人で行かなくてはなりません。
⑥8時前に到着しなくてはならない。　⑦ギターを弾くことができます。　⑧クレールにまた会いたい。

pouvoir, vouloir, devoir＋不定詞

耳から覚えるカンタン！フランス語文法

非人称構文

CD 68
(Disk2_28)

代名詞ilが人称として使われる場合と
非人称として使われる場合を区別しましょう。

🎵 音を聞いて覚えよう

Il fait beau. 天気は晴れです。
Il fait ses devoirs. 彼は宿題をします。

☑ ＜Il fait＋天気を表す語＞で、天候表現を作ります。この時のil
は何も指していないので、「非人称」と呼びます。

Il est six heures. 6時です。
Il est étudiant. 彼は学生です。

☑ ＜Il est＋時間＞で、時刻の表現を作ります。このilも非人称表現です。

Il y a un jardin dans ce quartier.
この界隈には庭園があります。
Il a une grande maison.
彼は大きな家を持っています。

☑ ＜Il y a＋名詞＞で、「〜がある」という存在表現を作ります。このilも非人称表現です。

📄 まとめよう《非人称構文》

1) 天候	Il fait beau / mauvais / chaud / froid.	
	よい天気だ／悪い天気だ／暑い／寒い。**faire**を使う。	
2) 時刻	Il est une heure / deux heures / midi / minuit.	
	1時／2時／正午／午前0時。　**être**を使う。	
3) 存在	Il y a une voiture / deux élèves.	
	車がある／生徒が2人いる。**avoir**を使う。	

問題にチャレンジ　CD 69 (Disk2_29)

1. 音声を聴いて、＿＿＿＿＿＿にあてはまる語を書き入れましょう。

① Il ＿＿＿＿＿＿＿＿＿＿＿＿＿＿＿＿＿＿ .

② Il ＿＿＿＿＿＿＿＿＿＿＿＿＿＿＿＿＿＿ un magasin.

③ Il ＿＿＿＿＿＿＿＿＿＿＿＿＿＿＿＿＿＿＿＿

①よい天気です。　②お店が一軒あります。　③4時です。

2. 聞こえてきた文が、非人称構文なら○を、そうでないなら×をつけましょう。

①	
②	
③	
④	
⑤	
⑥	

一口メモ

「天候」、「時刻」、「存在」をたずねるときはそれぞれ、
Quel temps fait-il ?, Quelle heure est-il ?
(あるいは**Vous avez l'heure ?**), **Qu'est-ce qu'il y a ?** と言います。

✓ 非人称構文

比較級・最上級（1）– 動詞の場合 CD 70 (Disk2_30)

動詞部分についての比較をします。

🎵 音を聞いて覚えよう

Michel travaille plus que Nicolas.
ミシェルはニコラよりも多く勉強している。

Nicolas travaille moins que Michel.
ニコラはミシェルよりも勉強時間が少ない。

- ✅ plus que で「〜よりも多く」、moins que で「〜よりも少なく」という意味です。plus は「プリュス」と発音することもあります。

Michel travaille le plus.
ミシェルは一番たくさん勉強している。

Nicolas travaille le moins.
ニコラは一番勉強時間が少ない。

- ✅ plus, moins の前に定冠詞の le をつけると、それぞれ「一番多く」、「一番少なく」という意味になります。これを最上級と呼びます。

Emma travaille autant que Michel.
エマは、ミシェルと同じくらい勉強している。

- ✅ autant que で「〜と同じくらい」という意味になります。

📝 まとめよう《動詞の比較》

比較級	動詞 +	plus autant + que〜 moins	〜より多く 〜と同じくらい 〜より少なく
最上級	動詞 +	le plus le moins	最も多く 最も少なく

問題にチャレンジ

1. 音声を聞いて、(　　　)にあてはまる語を記入しましょう。記入するのは1語とは限りません。

① Je travaille (　　　　　　　) que ma sœur.

② Olivier travaille (　　　　　　).

③ Dominique travaille (　　　　　　) qu' André.

①私は妹よりもたくさん勉強します。　②オリヴィエは一番勉強しない。　③ドミニクはアンドレと同じくらい勉強する。

2. 文をよく聞いて、正しい答えを○で囲みましょう。

① より多く寝ているのは (マリア　母親　両方)
（「寝る」dormir,　母親 mère）

② より多く収入を得ているのは (夫　妻　両方)
（「収入を得る」gagner,　妻 femme）

③ より多くお酒を飲むのは (ピエール　パトリス　両方)
（「飲む」boire）

④ より多く食べるのは (ヴァンサン　エリック　両方)
（「食べる」manger）

⑤ より多く雨が降っているのは (今日　昨日　両方)
（「雨が降る」pleuvoir,　今日 aujourd' hui,　昨日 hier）

一口メモ

plus, moins, autantのあとに、**de ＋名詞** を続けて、比較をすることができます。
例 Il a plus de CD que Frédérique.
「彼はフレデリックよりCDをたくさん持っている」。

比較級(1)
動詞の比較

耳から覚えるカンタン！フランス語文法　CD 72 (Disk2_32)

比較級・最上級(2) – 形容詞・副詞の場合

形容詞・副詞部分についての比較をします。

🎵 音を聞いて覚えよう

Michel est plus bavard que Luc.
ミシェルはリュックよりもおしゃべりだ。

Luc est moins bavard que Michel.
リュックはミシェルよりおしゃべりではない。

- ✅ ＜ plus / moins ＋形容詞・副詞＋ que ＞で、比較の文を作ります。

Christine est la plus bavarde.
クリスティーヌは一番おしゃべりだ。

Gabriel est le moins bavard.
ガブリエルは一番おしゃべりではない。

- ✅ plus, moins の前に定冠詞をつけると最上級になります。形容詞の場合は、名詞と性と数の一致をするので、定冠詞もそれにあわせて la や les を使います。

Sophie est aussi bavarde qu'Emilie.
ソフィはエミリと同じくらいおしゃべりだ。

- ✅「〜と同じくらい」といいたいとき、形容詞・副詞の比較では aussi を使います。que はエリズィオンをします。

📋 まとめよう《形容詞・副詞の比較》

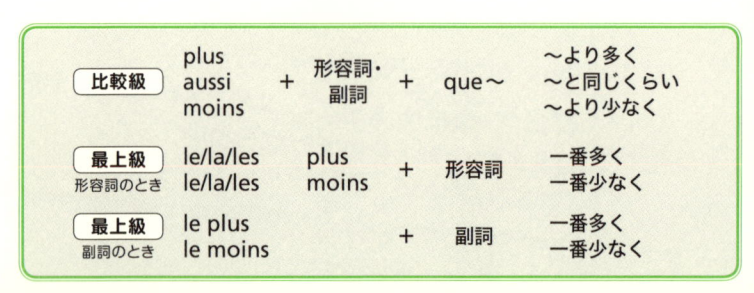

比較級	plus aussi moins	＋	形容詞・副詞	＋ que 〜	〜より多く 〜と同じくらい 〜より少なく
最上級 形容詞のとき	le/la/les le/la/les	plus moins	＋	形容詞	一番多く 一番少なく
最上級 副詞のとき	le plus le moins		＋	副詞	一番多く 一番少なく

問題にチャレンジ　CD 73 (Disk2_33)

1. 文をよく聞いて、その内容が正しければ○を、間違っていれば×を記入しましょう。

①	キッシュ　5ユーロ	サラダ　6ユーロ	(「高い」= cher)	
②	今日の気温 20℃	昨日の気温　25℃	(「暑い」= chaud)	
③	ジャクリーヌ 168cm	ポーリーヌ　173cm	(「背が高い」= grand)	
④	イヴ　30歳	アンドレ　33歳	(「歳の」= âgé)	

2. 文をよく聞いて、正しい答えを○で囲みましょう。

① **より頻繁に映画に行くのは** (「頻繁に」souvent)
　（ クリスティーヌ　　カミーユ　　両方 ）

② **より早く走れるのは** (「早く」vite)
　（ ブリジット　　ポール　　両方 ）

③ **よりお金持ちなのは** (「裕福な」riche)
　（ グザヴィエ　　ティエリ　　両方 ）

④ **より厳しいのは** (「厳しい」sévère)
　（ M.ファルジュ　　M.アンベール　　両方 ）

一口メモ

bon (よい), **bien** (よく) は **plus** とは一緒に使われません。「よりよい」、「よりよく」は1語でそれぞれ、**meilleur(e), mieux** と言います。

比較級(2)
形容詞・副詞の比較

耳から覚えるカンタン！フランス語文法

代名詞 le, la, les (CD 74) (Disk2_34)

代名詞 le, la, les の使い方を理解しましょう。

🎵 音を聞いて覚えよう

Tu connais bien le Maroc ?
モロッコは詳しい?

- Oui, je le connais très bien.
うん、よく知っているよ。

> ✅ 動詞のすぐ後に続く「その、それら」＜定冠詞 le, la, les＞＋名詞は、それぞれ代名詞の le, la, les で置きかえることができます。le, la, les は音は同じですが、定冠詞は名詞の前、代名詞は動詞の前に置かれるので、混同することはありません。

Tu regardes cette émission ?
この番組見るの?

- Oui, je la regarde.　うん、見るよ。

Tu vois souvent tes parents ?
よく両親には会うの?

- Oui, je les vois souvent.　よく会うよ。

> ✅ 定冠詞だけではなく、指示形容詞（→p.44）や所有形容詞（→p.42）の場合も le, la, les で置きかえができます。

📄 まとめよう

動詞の直後の「定冠詞／指示代名詞／所有形容詞＋名詞」
⬇
主語 ＋ le / la / les ＋ 動詞
le, la は母音字、または母音扱いの h の前で l' となります。

問題にチャレンジ

CD 75 (Disk2_35)

音声を聞いて、それぞれの文の名詞部分を代名詞を使って書きかえましょう。

① Je (　　　　　　) prends.

② Il (　　　　　　) chante souvent.

③ Tu (　　　　　　) connais !?

④ Je (　　　　　　) visite.

⑤ Tu (　　　　　　) prends !

⑥ Je (　　　　　　) lis.

⑦ Elle (　　　　　　) a.

⑧ Je (　　　　　　) ai.

① 自分の傘をもっていきます。　② 彼はよくこの歌を歌っています。　③ あいつの彼女を知っているんだって!?
④ 私はこれらの美術館を見学します。　⑤ このネクタイにしなさい！　⑥ ダンテックの最新小説を読んでいるんだ。
⑦ 彼女はマルクの連絡先を持っています。　⑧ きみの番号は持っているよ。

一口メモ

否定文では
je ne le connais pas となります。
〈ne + le / la / les + 動詞 + pas〉です。

代名詞
le, la, les

耳から覚えるカンタン！フランス語文法

代名詞 *lui, leur* CD 76 (Disk2_36)

代名詞 lui, leur の使い方を理解しましょう。

🎵 **音を聞いて覚えよう**

Tu téléphones souvent à ta mère ?
お母さんによく電話する？

- Oui, je lui téléphone souvent.
うん、よく電話するよ。

Tu téléphones souvent à ton père ?
お父さんによく電話する？

- Oui, je lui téléphone souvent.
うん、よく電話するよ。

> ☑ 前置詞の＜à＋人＞は、その人が単数であれば代名詞のluiに置きかえることができます。人が女であっても男であっても同じluiです。

Tu téléphones souvent à tes parents ?
両親によく電話する？

- Oui, je leur téléphone souvent.
うん、よく電話するよ。

> ☑ 人が複数であれば、leurを使います。

📋 **まとめよう**

```
        動詞＋à＋人
            ↓
   主語 ＋ lui / leur ＋ 動詞
```

問題にチャレンジ

音声を聞いて、＜à＋人＞の部分をluiかleurで置きかえましょう。

① Je (　　　　　　) propose une idée.

② Il (　　　　　　) téléphone tout le temps.

③ Elle (　　　　　　) ressemble beaucoup.

④ Je (　　　　　　) demande leur avis.

⑤ Je (　　　　　　) dis ça.

⑥ Tu (　　　　　　) achètes un cadeau ?

⑦ Je (　　　　　　) rends visite.

⑧ Je (　　　　　　) lis des livres tous les soirs.

①ドミニクにあるアイデアを提案してみよう。　②彼はしょっちゅう友人たちと電話している。
③彼女はおばによく似ている。　④同僚たちに意見を聞いてみます。　⑤そのことをグザヴィエに言おう。
⑥クレールにプレゼントを買ってあげる？　⑦私は昔の先生のお宅を訪問します。　⑧毎晩子どもたちに本を読んであげます。

一口メモ

＜à＋モノ＞の場合は、**y**を使って置きかえます（→p.95）。

代名詞
lui, leur

代名詞の en

CD 78 (Disk2_38)

代名詞 en が何の代わりに使えるか理解しましょう。

🎵 音を聞いて覚えよう

Tu as des feuilles ? - Oui, j'en ai.
紙を何枚か持っている?—うん、持っているよ。

Tu bois du vin ? - Oui, j'en bois.
ワインを飲む?—うん、飲むよ。

> ✅ 「幾つか」(不定冠詞 des)、「どれほどか」<部分冠詞 du, de la, de l'>+名詞>は、その代わりに en を使うことができます。j'en ai はエリズィオンをし、また en と ai の間でリエゾンをするので「ジャンネ」となります。

Tu as combien de frères ?
兄弟は何人いますか?

- J'en ai trois.
3人です。

> ✅ <数字+名詞>の場合は、名詞だけが en になります。j' en ai un, j' en ai une, j' en ai deux のように言います。

📋 まとめよう

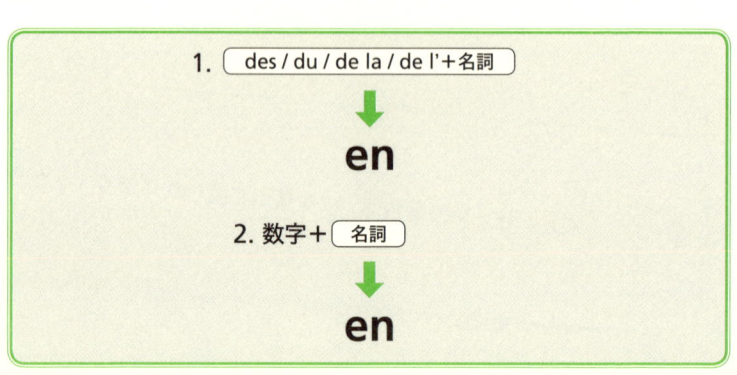

```
1. [ des / du / de la / de l' +名詞 ]
            ↓
           en

2. 数字+[ 名詞 ]
            ↓
           en
```

問題にチャレンジ　　CD 79 (Disk2_39)

音声を聞いて、enで置き換えられる部分を置き換えて_____に適切な語句を書きましょう。[ ]には、必要な語を記入するか、何も入らない場合は×をつけましょう。

例 J'ai deux motos. 私はバイクを2台もっている。→ j'en ai [deux].

① _____ ai [   ].

② _____ a [   ].

③ _____ ai [   ].

④ _____ ai [   ].

⑤ _____ achète [   ].

⑥ _____ veux [   ] ?

⑦ _____ achète [   ].

⑧ _____ prends [   ].

1 私は2人兄弟がいます。　2 彼は車を1台持っています。　3 私はお金を持っています。　4 私には従兄弟が1人います。
5 彼女はバゲットを何本か買います。　6 コーヒー欲しい？　7 私はアボガドを3つ買います。　8 私はパンを食べます。

一口メモ

Je n'ai pas de frères のような否定のde(→p.58) + 名詞もenで置き換えることができます。
Je n'en ai pas となります。

否定の en

耳から覚えるカンタン！フランス語文法

不定代名詞

CD 80 (Disk3_01)

「誰」「何」に関係する語をまとめましょう。

🎵 音を聞いて覚えよう

Tout le monde est venu. みんなが来た。

Personne n'est venu. 誰も来なかった。

☑ 人を表す場合、「みんな」はtout le mondeです。「誰も〜ない」はpersonneで、neと一緒に使います。

Il mange tout. 彼は全部食べる。

Il ne mange rien. 彼は何も食べない。

☑ モノを表す場合、「すべて」はtoutです。「何も〜ない」はrienで、neと一緒に使います。

Il y a quelqu'un ? だれかいますか？

Il y a quelque chose ? 何かありますか？

☑ 「誰か」、「何か」はそれぞれquelqu'un, quelque choseです。

📄 まとめよう

不定代名詞：ひとかモノかで区別をつけます

	全員・全部	誰か・何か	誰も・何も〜ない
人	tout le monde	quelqu'un	(ne) 〜 personne
モノ	tout	quelque chose	(ne) 〜 rien

問題にチャレンジ　　CD 81 (Disk3_02)

文を聞いて、あてはまるところに○をつけましょう。

	全員	誰か	誰も〜ない	全部	何か	何も〜ない
①						
②						
③						
④						
⑤						
⑥						
⑦						
⑧						

①冷蔵庫には何もない。　②みんなが満足している。　③誰にも会わなかった。　④すべてがうまくいく。
⑤だれもきみの話を聞いてないよ。　⑥ドアのところに誰かいるよ。　⑦何か飲みたい。　⑧何もすることがない。

一口メモ

不定代名詞を主語で使うとき、動詞は3人称単数で活用します。

✓ 不定代名詞

コラム 3

フランス語の代名詞の まとめ

📝 代名詞の形

フランス語の代名詞を一覧表にするとつぎのようになります。

1人称と2人称（単数・複数）

主語	je	tu	nous	vous
直接目的語	me	te	nous	vous
間接目的語	me	te	nous	vous
強勢形	moi	toi	nous	vous

je, tuに対応する直接目的語、間接目的語は形が同じです。nous, vousは強勢形もふくめて同じ形です。

3人称（単数・複数）

主語	il	elle	ils	elles
直接目的語	le	la	les	les
間接目的語	lui	lui	leur	leur
強勢形	lui	elle	eux	elles

3人称では、間接目的語のlui、leurは男女同形です。

📝 代名詞の位置

原則は動詞の前です。

例 Je prends mon parapluie. → Je le prends. 私は傘を持っていきます。

肯定命令文のときは、トレデュニオン (-)を入れて動詞の後ろに置きます。

例 Prends-le. それを持っていきなさい。

代名詞の強勢形を使うとき

強勢形は使われる場所が決まっています。

①C' est の後で　　：Qui fait la cuisine ? - C'est toi. だれが料理する？ - あなたよ。
②前置詞の後で　　：Tu viens avec nous ? 私たちと一緒に来る？
③主語の対比　　　：Moi, je prends une salade niçoise. ぼくはニース風サラダにするよ。
④比較の que の後：Elle est plus jeune que lui. 彼女は彼よりも若い。など。

代名詞 y の使い方

<à＋人>を代名詞で置きかえる場合は、単数ならば lui、複数ならば leur を
使います。(→ p.88)。

<à＋モノ>の場合は、y という代名詞を使います。

例　Christophe pense toujours à ses vacances. →　Christophe y pense toujours.
　　クリストフはいつもヴァカンスのことを考えている。

<場所を表す前置詞(à, dans, en, chez など)＋名詞>も y で置きかえることができます。
例　Je vais chez lui. →　J'y vais. 私は彼の家に行く。

代名詞を2つ使うとき

直接目的語と間接目的語の代名詞を両方使うことができます。
その場合には順番が決まっています。また使えない組み合わせもあります。

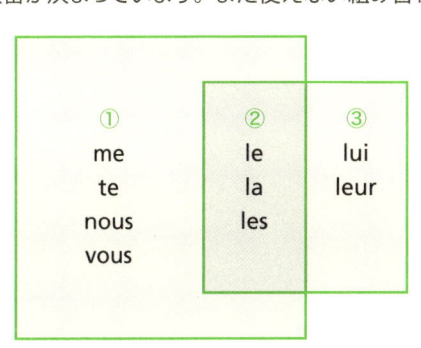

①	②	③
me	le	lui
te	la	leur
nous	les	
vous		

①と②、②と③はこの順番で使えますが、①と③は一緒に使うことはできません。

例　Tu me donnes ce livre ? - Oui, Je te le donne.
　　その本をぼくに取ってくれる？ - うん、きみにそれを渡すよ。
例　Tu donnes ces documents à Bernard ? - Oui, je les lui donne.
　　この書類をベルナールに渡してくれる？ - うん、それを彼に渡すよ。

耳から覚えるカンタン！フランス語文法

半過去形

CD 82
(Disk3_03)

半過去形の語尾の音の特徴をつかみましょう。

🎵 音を聞いて覚えよう

je regarde
私は眺める。

je regardais
私は眺めていた。

☑ jeの時の半過去形の語尾は -ais らで「エ」と発音します。tu や il/elle/ils/elles もつづり字は異なりますが、すべて「エ」の音で終わります。

nous regardons　**nous regardions**
vous regardez　**vous regardiez**

☑ nous, vousの時は現在形の語尾 -ons, -ez の前に i の文字が入るので、それぞれ「イオン」「イエ」となります。

📄 まとめよう《半過去形の作り方》

1) 現在形のnousの活用から -ons を省く。
   例 regarder → nous regardons → regard-
2) それを語幹として、半過去形の活用語尾をつける。語尾は以下の通り。

je regardais	nous regardions
tu regardais	vous regardiez
il regardait	ils regardaient
elle regardait	elles regardaient

《半過去形と複合過去形の違い》

1) 複合過去形が2つあると、時間的に前後の関係を表します。
   Quand je suis rentré à la maison, mes enfants m'ont dit : «Ah ! Papa !»
   私が帰宅すると、子どもたちは「あっ、パパだ！」と私に言った。
2) 半過去形は複合過去形に対して、時間的に同時で、その時に進行中であったことを表します。
   Quand je suis rentré à la maison, mes enfants regardaient la télévision.
   私が帰宅すると、子どもたちはテレビを見ていた。

問題にチャレンジ　CD 83 (Disk3_04)

聞こえてきた活用形に○をつけましょう。

① habiter：住む
　　j'habite　　　j'ai habité　　　j'habitais

② savoir：知る
　　vous savez　　vous avez su　　vous saviez

③ penser：思う
　　je pense　　j'ai pensé　　je pensais

④ chercher：探す
　　nous cherchons　nous avons cherché　nous cherchions

⑤ vouloir：欲する
　　je veux　　j'ai voulu　　je voulais

⑥ reconnaître：認める
　　nous reconnaissons　nous avons reconnu　nous reconnaissions

⑦ faire：する
　　je fais　　j'ai fait　　je faisais

一口メモ

半過去形の作り方の唯一の例外がêtreで、
j'étais, tu étais …となります。

✓ 半過去形

耳から覚えるカンタン！フランス語文法

単純未来形

CD 84 (Disk3_05)

未来について語る時に使うのが単純未来形です。
語尾の音の特徴をつかみましょう。

🎵 音を聞いて覚えよう

téléphoner　je téléphonerai

電話をする。私は電話をするでしょう。

- ☑ jeの単純未来形は原則として不定詞にavoirの現在形の活用である-aiをつけます。不定詞は「テレフォネ」と最後のrを発音しませんが、単純未来形ではtéléphone＋raiの組み合わせで発音して「テレフォヌ＋レ」となります。

finir　je finirai　partir　je partirai

- ☑ 不定詞が-irで終わる動詞の場合は、-rを最初から発音していますが、単純未来形ではfini＋rai「フィニ＋レ」、parti＋rai「パルティ＋レ」の組み合わせで発音します。

prendre　je prendrai

- ☑ 不定詞が-dreの場合は、-eを省いて-aiをつけます。音のグループはpren＋drai「プラン＋ドレ」です。

📋 まとめよう《単純未来形の作り方》

動詞の不定詞にavoirの現在形の活用をつけるのが原則。
ただしnous avons, vous avezのav-はそれぞれ省く。

je　téléphonerai	nous téléphonerons
tu　téléphoneras	vous téléphonerez
il　téléphonera	ils　téléphoneront
elle téléphonera	elles téléphoneront

問題にチャレンジ　CD 85 (Disk3_06)

1. 音声を聞いて、＿＿＿＿に正しいつづり字を書き入れましょう。

① parler：話す　　　　je parle ＿＿＿＿＿＿＿＿＿

② choisir：選ぶ　　　 je choisi ＿＿＿＿＿＿＿＿＿

③ attendre：待つ　　 j'atten ＿＿＿＿＿＿＿＿＿

2. 音声を聞いて、聞こえた方を○で囲みましょう。

① montrer：示す　　　je montre　　je montrerai

② entendre：聞こえる　j'entends　　j'entendrai

③ rentrer：帰宅する　 je rentre　　 je rentrerai

④ partir：出発する　　je pars　　　 je partirai

⑤ arriver：到着する　 j'arrive　　　j'arriverai

一口メモ

単純未来形の作り方にはいくつか例外があります。たとえばavoirは **j'aurai**, êtreは **je serai** となります。

✓ 単純未来形

耳から覚えるカンタン！フランス語文法

近接未来、近接過去

CD 86 (Disk3_07)

aller, venir の動詞としての使い方と助動詞としての使い方を区別しましょう。

🎵 音を聞いて覚えよう

Je vais à Nantes.
私はナントに行きます。

Je vais arriver à l'aéroport.
もうすぐ空港に着きます。

> ☑ aller は「～へ行く」という動詞としての使い方と、＜aller＋不定詞＞で「もうすぐ～することになる」という近い未来を表す助動詞としての使い方があります。

Je viens de Lyon.
私はリヨンから来ました。

Je viens d'arriver à la gare.
私は駅に着いたところです。

> ☑ venir は「～から来る」という動詞としての使い方と、＜venir＋de＋不定詞＞を続けて「今～したばかり」という近い過去を表す助動詞としての使い方があります。de はエリズィオンをします。

📄 まとめよう

近接未来	aller ＋ 不定詞
近接過去	venir ＋ de (d') ＋ 不定

aller, venir の活用はそれぞれ p.26, p.55 を参照のこと。

問題にチャレンジ 　　　　　　　　　　CD 87 (Disk3_08)

文を聞いて、あてはまる欄に○をつけましょう。

	動詞 aller （行く）	助動詞 aller (もうすぐ〜する)	動詞 venir （来る）	助動詞 venir (〜したばかりだ)
①				
②				
③				
④				
⑤				
⑥				
⑦				
⑧				

1. 砂浜に行こうとしています。　2 ジャンにメールを送ったところです。　3 病院に行きます。
4 フランスから来ました。　5 もうじき試験を受けます。　6 このテーブルは買ったばかりです。
7 すぐに見てみます。　8 祖父母のところに行きます。

一口メモ

〈aller＋不定詞〉には「〜するために行く」という意味になる場合もあります。例えばJe vais mangerは「これから食べるところだ」と「食べに行く」の2つの可能性があります。後者には je vais pour mangerのpour（〜のために）が隠れているのです。

近接未来、近接過去

耳から覚えるカンタン！フランス語文法

代名動詞
CD 88 (Disk3_09)

代名動詞の仕組みを理解しましょう。

🎵 音を聞いて覚えよう

Marie lave sa fille. マリは娘を洗います。

Marie la lave. マリは彼女を洗います。

☑ sa fille を代名詞に置きかえると la になります。（→P.86）

Marie se lave. マリは自分の体を洗います。

☑ 主語が il (ils), elle (elles) で、「洗う」というアクションが、他人ではなくて自分自身に及ぶときは、la でなくて se を使います。

Tu te couches à quelle heure ?
きみは何時に寝るの？

- Je me couche à 11 heures.
11時に寝るよ。

☑ je のときは me、tu のときは te を使います。主語と代名詞が同じ人物を指す場合、その動詞を代名動詞と呼びます。

📋 まとめよう《代名動詞 se laver の活用》

je me lave	nous nous lavons
tu te laves	vous vous lavez
il se lave	ils se lavent
elle se lave	elles se lavent

se は母音字または母音扱いの h の前で s' となります。例 elle s'habille 「彼女は服を着る」

問題にチャレンジ　　CD 89 (Disk3_10)

音声を聞いて、普通の動詞か代名動詞のどちらが使われているかを判断して、正しい方の不定詞に○をつけましょう。

① (coucher / se coucher)

② (regarder / se regarder)

③ (habiller / s'habiller)

④ (demander / se demander)

⑤ (réveiller / se réveiller)

⑥ (marier / se marier)

⑦ (endormir / s'endormir)

⑧ (énerver / s'énerver)

①きみは8時に寝るの!?　②彼はきみを見ているよ。　③私はすぐに服を着ます。　④ぼくはなぜなんだろうと思う。
⑤パトリスは彼を起こす。　⑥彼はエリーズと結婚するの？　⑦彼女は毎晩彼（女）を寝かしつける。
⑧彼は私をいらいらさせる。

一口メモ

代名動詞には **Paul et Marie se regardent**「ポールとマリは見つめあう」のように、複数の人々がそれぞれお互いに対して同じアクションをすることを示す使い方もあります。

代名動詞

耳から覚えるカンタン！フランス語文法

関係代名詞

CD 90
(Disk3_71)

quiとqueの使い分けを学びましょう。

🎵 音を聞いて覚えよう

La dame qui est là est la mère de Paulette.
そこにいるご夫人はポーレットのお母さんです。

- ☑ 人であれ、モノであれ、文の主語になるときはquiを使います。quiから始まる文がどこまでか（ここではlàまで）をきちんと理解する必要があります。

Le dessert que j'aime le plus est la charlotte.
私が一番好きなデザートはシャルロット（果物やクリームをビスケットなどで囲んだデザート）です。

- ☑ 人であれ、モノであれ、文の直接目的語になるときはqueを使います。

Le sport qu'il pratique est le judo.
彼がやっているスポーツは柔道です。

- ☑ queはエリズィオンをします。音は「キ・ル」と「キ」の音が聞こえるので、quiと間違えないようにしなくてはいけません。

📄 まとめよう

関係代名詞quiとque

> | quiの構造 | 名詞＋qui＋動詞 |
> | queの構造 | 名詞＋que(qu')＋主語＋動詞 |
>
> 上の例文のようにqui, queの前の名詞は主語であったり、次のように直接目的語になったりと、文の形は様々です。
> J'ai une amie qui habite en France.
> 私にはフランスに住んでいる女友だちがいます。

問題にチャレンジ　　　CD 91 (Disk3_72)

文をよく聞いて、[　　]に必要な語句を記入しましょう。
(　　)の中の不定詞が使われている動詞です。

① Le Français [　　　　　　　] avec moi s'appelle Luc Tournon. (travailler)

② L'instrument de musique [　　　　　　　　] est le saxophone. (vouloir acheter)

③ L'acteur [　　　　　　] le plus est Romain Dury. (aimer)

④ Les vêtements [　　　　　　　　] sont très jolis ! (porter)

⑤ L'émission [　　　　　　　] souvent est «Des chiffres et des lettres». (regarder)

⑥ L'homme [　　　　　　　] au téléphone portable là-bas est le directeur de cette section. (parler)

⑦ Le poisson [　　　　　　] est pour ta grand-mère. (manger)

⑧ Le train [　　　　　　] arrive à 15 heures. (prendre)

①私と一緒に仕事をしているフランス人の名前はリュック・トゥルノンです。　②彼が買いたい楽器はサックスです。
③私がもっとも好きな俳優はロマン・デュリです。　④彼女が着ている服はとても素敵！
⑤私がよく見るテレビ番組は『数と文字』です。　⑥あそこで携帯電話で話している男性は、このセクションの部長です。
⑦お前が食べている魚はおばあちゃんのだよ。　⑧彼らが乗る電車は15時に到着します。

一口メモ

関係代名詞の前には、名詞以外に **ce** も置くことができます。
「〜ということ」という意味になります。
例 Ce qui est important, c'est dormir.
「大事なことは、寝ることです。」

関係代名詞

命令法

命令法の作り方を理解しましょう。

🎵 音を聞いて覚えよう

Tu dors bien.　*Dors bien.*

よく寝ているんだね。よく寝るんだよ。

- ☑ 主語を省いて、動詞だけで相手に話しかけると「命令」の意味になります。

Prenez un taxi.　*Prenons un taxi.*

タクシーに乗ってください。タクシーに乗ろう。

- ☑ 命令法はtuの他にvous, nousに対する「命令」があります。nousの場合は「提案」の意味になります。

Ecris-moi des mails.

私にメールを書いて。

Ne me dis pas ça.

そんなことを私に言わないで。

- ☑ 命令法のとき、「誰々に」「誰々を」を意味するme, teなどの代名詞(→p.94)は、トレデュニオン(-)を入れて、動詞の後ろに置きます。そのときmeはmoiに、teはtoiになります。否定の命令法のときは、原則通り動詞の前です。

📋 まとめよう《命令法の作り方》

tu, vous, nousのそれぞれの活用から、主語を省く。

regarder 眺める

tu regardes	→ **regarde**
nous regardons	→ **regardons**
vous regardez	→ **regardez**

tuの活用で、動詞の最後が -es, -asの場合は -sを省きます。発音には関係しません。

問題にチャレンジ　CD 93 (Disk3_74)

1. 音声を聞いて、tu, nous, vous のどの相手に対する命令法か、正しいものに○をつけましょう。

① (tu　/　vous　/　nous)　　écouter：聞く

② (tu　/　vous　/　nous)　　lire：読む

③ (tu　/　vous　/　nous)　　aller：行く

④ (tu　/　vous　/　nous)　　sortir：外に出る

①よく聞いてください。　②この文を読んで。　③海岸に行こう。　④外に出て行け！

2. 聞こえてくる否定形の命令法を、肯定形の命令法にしましょう。

例 Ne me parle pas.（私に話しかけるな。）→ Parle-moi.

動詞リスト

attendre（待つ）　　oublier（忘れる）
téléphoner（電話をする）　regarder（眺める）

① _____ .　③ _____ .

② _____ le soir.　④ _____ .

①私を忘れないで。　②夜は私に電話しないで。　③私を見るな。　④私を待たないで。

一口メモ

代名動詞を命令法にする場合、肯定形では代名詞は動詞の後ろに置きます。se réveiller（目を覚ます）の肯定命令法は **réveille-toi, réveillons-nous, réveillez-vous** となります。

命令法

耳から覚えるカンタン！フランス語文法

条件法

CD 94
(Disk3_75)

原則として現実とは反対のことを言うのが条件法です。この条件法は断定口調を弱めるのによく使われます。

🎵 音を聞いて覚えよう

Je pourrai arriver à l'heure.
私は時間通りに着くことができるでしょう。

Je pourrais parler à M. Doumet ?
ドゥメ氏とお話しできるでしょうか？

✅ 条件法は単純未来と同じ語幹を使いますが、語尾は、je の時は -ais となります。単純未来の語尾 -ai はせまい「エ」、条件法の -ais は広い「エ」の音です。条件法を使うと相手に丁寧に頼むニュアンスが表現できます。

Je voudrais deux croissants au beurre.
バター入りクロワッサンを2つください。

✅ vouloir（～を欲する）の条件法 je voudrais を使うと、「～をお願いします」と丁寧な表現になります。

| tu pourras | tu pourrais |
| vous pourrez | vous pourriez |

✅ tu の条件法の語尾は -ais「エ」です。vous の条件法の語尾は -iez「イエ」です。

📋 まとめよう《条件法の作り方》

téléphoner 電話をする

je téléphonerais	nous téléphonerions
tu téléphonerais	vous téléphoneriez
il téléphonerait	ils téléphoneraient
elle téléphonerait	elles téléphoneraient

単純未来形と同じ語幹（→ p.98）に、条件法の語尾をつける。

問題にチャレンジ

CD 95 (Disk3_76)

1. 音声を聞いて、あてはまる方を○で囲みましょう。

① Je (veux / voudrais) 500 grammes de comté.

② Tu (pourras / pourrais) me servir un petit café ?

③ Vous (pourrez / pourriez) voir M. Roche jeudi.

④ Je (veux / voudrais) aller au concert ce soir !

①コンテチーズを500グラムください。 ②コーヒーを少し入れてくれる？ ③木曜日にロッシュ氏にお会いできますよ。
④今夜、コンサートに行きたい！

2. 文を聞いて、適切な語を（　　　　）の中に入れましょう。

① Je (　　　　) avoir un rendez-vous demain matin ?

② Vous (　　　　) corriger ma rédaction ?

③ Je (　　　　) vous demander un renseignement.

④ Vous (　　　　) revenir la semaine prochaine ?

①明日の朝アポイントをとれますか？ ②私の作文を添削していただけますか？
③教えていただきたいことがあるのですが。 ④来週もう一度来ていただけますか？

一口メモ

条件法は＜si＋半過去形、条件法＞で使われて、現実とは反対のことを表します。例 Si j'étais jeune, je voudrais faire le tour du monde.「もし若ければ、世界一周をしてみたいのだが」（→現実には若くない）。

✓ 条件法

耳から覚えるカンタン！フランス語文法

接続法
CD 96
(Disk3_77)

接続法で特殊な形になる動詞の活用を注意して覚えましょう。

🎵 音を聞いて覚えよう

Je travaille. Il faut que je travaille.
私は働く。私は働かなくてはならない。

> ✅ Il faut que「〜しなくてはならない」のqueの後の動詞は、接続法で活用します。しかし、-er動詞のjeの活用は、直説法と形が同じです。音も変化しません。

Je vais au bureau demain. Il faut que j'aille au bureau demain.
私は明日会社に行く。私は明日会社に行かなくてはならない。

> ✅ allerは接続法の活用で形が変わる動詞です。j'ailleは「ジャイユ」と発音します。

Tu viens ? Je veux que tu viennes.
あなたは来る？　私はあなたに来てほしい。

Tu es là ? Je veux que tu sois là.
あなたはそこにいる？　私はあなたにそこにいてほしい。

> ✅ venirやêtreも接続法の活用で形が変わります。tu viensは「ヴィアン」と鼻母音ですが、tu viennesは「ヴィエヌ」と「エ」の音です。êtreはsois「ソワ」になります。je veux que「〜してほしい」のqueの後の動詞は接続法で活用します。

📄 まとめよう《接続法の活用 -jeとtuの場合-》

> **原則** 直説法＊現在3人称複数の活用から、語尾の -ent を取る。
> 　例 travailler : ils travaillent → travaill-　venir : ils viennent → vienn-
> 　　jeの場合は -e を、tuの場合は -es をつける。
> 　例 travailler : que je travaille, que tu travailles　venir : que je vienne, que tu viennes
>
> **例外** いくつかの動詞は接続法独自の語幹をもつ。
> 　　être → que je sois, que tu sois...　aller → que j' aille, que tu ailles...

＊直説法とは今まで学んだ現在形、複合過去形、半過去形などのことです。

問題にチャレンジ

CD 97 (Disk3_78)

文を聞いて、正しい動詞の活用に○をつけましょう。
上が直説法、下が接続法の活用です。

① Il faut que tu [viens / viennes] avec moi.

② Tu veux que je [suis / sois] avec toi ?

③ Il sait que tu [viens. / viennes.]

④ Elle est contente que [je vais / j'aille] en France.

①私と一緒に来なくてはならない。　②一緒にいてほしい？　③彼はあなたが来ることを知っています。
④彼女は私がフランスに行くことを喜んでいます。

一口メモ

接続法は大原則として、***il faut que***「〜しなくてはならない」や ***je veux que***「〜を望む」などの、ある決まった表現の **que** 以下の文でのみ使われます。

接続法

解答 & トランススクリプション

p.13 **不定冠詞**
1. **une** table　2. **un** bureau　3. **une** chaise　4. **un** canapé
5. **une** armoire　6. **un** escalier　7. **une** fenêtre　8. **une** étagère

p.15 **定冠詞**
1. 1. **le** port　2. **le** chemin　3. **la** route　4. **la** gare

2. 1. **l'**église　2. **l'**aéroport　3. **l'**université　4. **l'**avenue
5. **l'**hôtel

p.17 **部分冠詞**
1. 1. **de la** soupe　2. **du** homard　3. **du** miel　4. **de l'** eau

2. 1. **du** riz　2. **de la** crème　3. **du** jus　4. **de l'**argent
5. **de la** farine

p.19 **名詞の複数形と冠詞**
1. **une** robe　2. **les** cravates　3. **un** foulard　4. **un** imperméable
5. **des** ceintures　6. **les** chemises　7. **un** pull-over　8. **les** accessoires

p.21 **前置詞**
1. de la soupe **aux** légumes
2. un croissant **au** beurre
3. des chips **aux** crevettes
4. des œufs **à la** mayonnaise
5. un savon **à l'**huile d'olive
6. un thé **à la** menthe
7. un riz **au** curry
8. de la soupe **à l'**oignon

p.23 **être**
1. 1. **Nous sommes** contre.　2. **Vous êtes** d'accord ?
3. **Tu es** encore en pyjama ?　4. **Je suis** en colère.

2. 1. **Vous êtes** à Paris ?　2. **Tu es** à la maison aujourd'hui ?
3. **Nous sommes** en France.　4. **Je suis** de Tokyo.

p.25 **avoir**
1. 1. **Nous avons** faim.　2. **Tu as** peur ?
3. **J'ai** sommeil.　4. **Vous avez** rendez-vous ?

2. 1. **J'ai** 21 ans. **J'ai** un petit copain. Il a 20 ans.
2. **Nous avons** des jumelles. Elles ont 5 ans.
3. **Vous avez** des frères et sœurs ?
4. **Tu as** des animaux ?

p.27 **aller**

1. 1. **Nous allons** à la banque.   2. **Tu vas** à la piscine ?
3. **Vous allez** au café ?   4. **Je vais** à l'école.

2. 1. **Je vais** à l'église.   2. **Nous allons** au parc.
3. **Vous allez** à Paris ?   4. **Tu vas** à Séoul ?

p.29 **faire**

1. 1. **Nous faisons** du français.   2. **Vous faites** la cuisine ?
3. **Tu fais** des courses cet après-midi ?
4. **Je fais** le ménage.

2. 1. Qu'est-ce que **vous faites** dans la vie ?
2. **Nous faisons** un gâteau.   3. **Je fais** une promenade.
4. Qu'est-ce que **tu fais** ce week-end ?

p.35 **男性形と女性形(1)**

1. 1. Elle est portugai**se**. Il est **portugais**
2. Elle est pharmacie**nne**. Il est **pharmacien**
3. Elle est marocai**ne**. Il est **marocain**
4. Elle est alleman**de**. Il est **allemand**

2. cor**éenne** / **espagnol** / ni**çoise** / **écrivain** / math**ématicienne**

p.37 **男性形と女性形(2)**

1. 1. Elle est pâtiss**ière**. Il est **pâtissier**.
2. Elle est serv**euse**. Il est **serveur**.
3. Elle est direc**trice**. Il est **directeur**.

2. premi**ère** / dern**ier** / heur**euse** / stud**ieux**

解答 & トランススクリプション

p.39 **品質形容詞の位置**
1. C'est un **vieux** monsieur.
2. C'est un **mauvais** souvenir.
3. C'est un **jeune** homme.
4. C'est un **bon** travail.
5. C'est un **grand** projet.
6. C'est un **petit** appartement.
7. C'est un **long** voyage.
8. C'est un **vrai** ami.

p.41 **序列数形容詞**
1.
1. **3 / trois   troisième**
2. **10 / dix   dixième**
3. **14 / quatorze   quatorzième**
4. **18 / dix-huit   dix-huitième**

2.
1. J'habite dans le **sixième** arrondissement.
2. La chambre est au **cinquième** étage.
   フランス語では1階を rez-de-chaussee と言い、
   2階を「最初の階 premier étage」として数えます。
3. Nous sommes au **vingt et unième** siècle.
4. Je suis en **deuxième** année à l'université.

p.43 **所有形容詞**
1.
1. **mon** passeport
2. **ma** valise
3. **ma** carte de crédit
4. **mes** vacances
5. **mon** billet d'avion

2.
1. mon **ordinateur**
2. son **idée**
3. mon **argent**
4. son **école**
5. mon **histoire**
6. son **amie**

p.45 **指示形容詞**
1.
1. **cette** question
2. **ce** texte
3. **cette** note
4. **ce** paragraphe
5. **cette** page

2.
1. **cette** étudiante
2. **cette** institutrice
3. **cet** infirmier
4. **cet** animateur

p.47 **-er動詞の活用**
1.
1. **je** chant**e**   chant**er**
2. **tu** regard**es**   regard**er**
3. **il** parl**e**, **ils** parl**ent**   parl**er**
4. **je** travaill**e**   travaill**er**
5. **elle** lav**e**, **elles** lav**ent**   lav**er**

2.
1. j'**aime**
2. j'**étudie**
3. j'**hésite**
4. j'**oublie**
5. j'**utilise**

p.49 **-ir 動詞の活用 (1)**
1. **je** chois**is**   **choisir**
2. **vous** réuss**issez**   **réussir**
3. **elles** réfléch**issent**   **réfléchir**
4. **il** grand**issent**   **grandir**
5. **nous** garant**issons**   **garantir**
6. **je** rempl**is**   **remplir**
7. **ils** roug**issent**   **rougir**
8. **elles** réun**issent**   **réunir**

p.51 **-ir 動詞の活用 (2)**
1. **nous** par**tons**   **partir**
2. **je** ser**s**   **servir**
3. **vous** sor**tez**   **sortir**
4. **ils** men**tent**   **mentir**
5. **je** dor**s**   **dormir**
6. **elles** sen**tent**   **sentir**

p.53 **-dre 動詞の活用**
1. **il** enten**d**   **entendre**
2. **tu** atten**ds**   **attendre**
3. **elles** préten**dent**   **prétendre**
4. **je** ren**ds**   **rendre**
5. **elle** per**d**   **perdre**
6. **ils** répon**dent**   **répondre**
7. **je** répan**ds**   **répandre**
8. **ils** ven**dent**   **vendre**

p.57 **否定文**
1. 1. **je** sais pas.
2. **il** est pas là.
3. **je ne** travaille **pas** le dimanche.
4. **elle** répond pas.

2. 1. **je n'écoute pas**
2. **je n'hésite pas**
3. **je n'accepte pas**
4. **je n'insiste pas**

p.59 **否定の de**
1. 1. Je n'aime pas **le** café.
2. Je ne bois pas **de** café.
3. Tu as **des** frères ?
4. Je n'ai pas **de** frères.

2. 1. **je n'ai pas d'argent.**
2. **Tu as des idées ?**
3. **je n'ai pas d'ordinateur.**
4. **je n'ai pas d'eau minérale.**

p.61 **疑問文**
1. 1. **Vous voyez** l'église ?
2. **Avez-vous** votre passeport ?
3. **Vous venez** du Japon ?
4. **Voulez-vous** du thé ?

2. 1. **est**-il ?   **être**
2. **va-t**-elle ?   **aller**
3. **donne-t**-il ?   **donner**
4. **a-t**-elle ?   **avoir**

解答 & トランススクリプション

p.63 **Oui, Non, Si**

1. Tu ne comprends pas ? - **Non**, je ne comprends pas.
2. Tu comprends ? - **Oui**, je comprends.
3. Tu ne comprends pas ? - **Si**, je comprends.
4. Tu es d'accord ? - **Oui**, je suis d'accord.
5. Tu n'es pas d'accord ? - **Non**, je ne suis pas d'accord.
6. Tu n'es pas d'accord ? - **Si**, je suis d'accord.
7. Vous avez de la monnaie ? - **Non**, je n'ai pas de monnaie.
8. Vous n'avez pas de monnaie ? - **Si**, j'ai de la monnaie.
9. Vous n'avez pas de monnaie ? - **Non**, je n'ai pas de monnaie.

p.65 **疑問詞（代名詞）**

1.
1. **Qu'est-ce que** vous prenez ?
2. **Qui** va chercher Sophie ?
3. **Qui est-ce que** vous attendez ?
4. **Qu'est-ce qui** est arrivé ?

2.
1. Qui est-ce que vous cherchez ? - **Je cherche Pierre.**
2. Qui fait la cuisine ? - **C'est Pierre.**
3. Qu'est-ce que vous cherchez ? - **Je cherche mes lunettes.**
4. Qu'est-ce qui ne va pas ? - **C'est le disque dur.**

p.67 **疑問詞（副詞）**

1.
1. Ça marche **comment** ?
2. **Où** habitez-vous ?
3. Ça coûte **combien** ?
4. **Quand** est-ce qu'il revient ?

2.
1. Tu pars quand ?　いつ出発する？　- **demain**
2. Où allez-vous pendant les vacances ?
 ヴァカンスの間どこに行きますか？　- **en Espagne**
3. Vous êtes combien ?　何名様ですか？　- **3 personnes**
4. Tu vas à la gare comment ?　どうやって駅に行く？　- **en bus**

p.69 **疑問形容詞 quel**

1.
1. Quel temps fait-il là-bas ?　そちらはどんな天気ですか？　ⓓ
2. Quelle couleur aimez-vous ?　どんな色が好きですか？　ⓑ
3. Vous êtes de quelle nationalité ?　あなたの国籍はどちらですか？　ⓐ
4. On est quel jour ?　今日は何曜日？　ⓒ

2. 1. Il est **quelle heure** ?   2. Tu es né **en quelle année** ?
3. Tu habites **à quel étage** ?   4. Tu as **quel âge** ?

p.71 **avoirを使った複合過去形**
1. **j'ai regardé**
2. je travaille
3. j'annule
4. **j'ai donné**
5. **j'ai écouté**
6. **j'ai invité**
7. je voyage
8. **j'ai oublié**

p.73 **過去分詞の作り方**
1. 1. **j'ai réussi**   2. **j'ai obéi**   3. je sens   4. **j'ai servi**

2. 1. je rends   2. **j'ai entendu**   3. **j'ai perdu**   4. je réponds

p.75 **êtreを使った複合過去形**
1. 1. **j'arrive**   2. **elle est partie**   3. **ils sont descendus**
4. je reste   5. il va   6. **elle est montée**
7. **je suis entré(e)**   8. elle sort

p.77 **複合過去形の否定文**
1. 1. ②je ne regarde pas   ①je n'ai pas regardé
2. ①je ne vais pas   ②je ne suis pas allé(e)
3. ②je ne descends pas   ①je ne suis pas descendu(e)
4. ②je ne comprends pas   ①je n'ai pas compris

2. 1. Il a aimé ? - Non, **il n'a pas** aimé.
2. Il est parti ? - Non, **il n'est pas** parti.
3. Elle est venue ? - Non, **elle n'est pas** venue.
4. Elle a mangé ? - Non, **elle n'a pas** mangé.

p.79 **pouvoir / vouloir / devoir ＋不定詞**
1. **Je dois** apprendre l'anglais.
2. **Il veut** visiter les Arènes de Nîmes.
3. **Je peux** venir à six heures du matin.
4. **Pouvez-vous** me dire où est la gare ?
5. **Tu dois** aller toute seule.
6. **Je dois** arriver avant 8 heures.
7. **Je peux** jouer de la guitare
8. **Je veux** revoir Claire.

p.81 **非人称構文**

1. 1. Il **fait beau.**
2. Il **y a** un magasin.
3. Il **est quatre heures.**

2. 1. Il y a une moto.　　　　　バイクが１台ある。　　　〇
2. Il a une moto.　　　　　　彼はバイクを１台持っている。×
3. Il est sympa.　　　　　　　彼は感じがよい　　　　　×
4. Il est cinq heures.　　　　　５時です。　　　　　　　〇
5. Il fait mauvais.　　　　　　天気が悪い。　　　　　　〇
6. Il fait une promenade.　　　彼は散歩する。　　　　　×

p.83 **比較級・最上級（１）— 動詞の場合**

1. 1. Je travaille **plus** que ma sœur.
2. Olivier travaille **le moins.**
3. Dominique travaille **autant** qu'André.

2. 1. Maria dort plus que sa mère.　　　　マリア
2. Il gagne moins que sa femme.　　　　妻
3. Pierre boit autant que Patrice.　　　　両方
4. Vincent mange plus qu'Eric.　　　　　ヴァンサン
5. Aujourd'hui, il pleut plus qu'hier.　　　今日

p.85 **比較級・最上級（２）— 形容詞・副詞の場合**

1. 1. La quiche est moins chère que la salade.　　〇
2. Aujourd'hui, il fait plus chaud qu'hier.　　　×
3. Jacqueline est moins grande que Pauline.　　〇
4. Yves est plus âgé qu'André.　　　　　　　　×

2. 1. Christine va au cinéma plus souvent que Camille.　クリスティーヌ
2. Brigitte court aussi vite que Paul.　　　　　　　両方
3. Xavier est moins riche que Thierry.　　　　　　ティエリ
4. M. Farge est plus sévère que M. Ambert.　　　　M.ファルジュ

p.87 **代名詞 le, la, les**

1. Je prends mon parapluie. → Je **le** prends.
2. Il chante souvent cette chanson. → Il **la** chante souvent.

3. Tu connais sa copine !? → Tu **la** connais !?
4. Je visite ces musées. → Je **les** visite.
5. Tu prends cette cravate ! → Tu **la** prends !
6. Je lis le dernier livre de Dantec. → Je **le** lis.
7. Elle a les coordonnées de Marc. → Elle **les** a.
8. J'ai ton numéro de téléphone. → Je **l'**ai.

p.89 代名詞 lui, leur

1. Je propose une idée à Dominique. → Je **lui** propose une idée.
2. Il téléphone tout le temps à ses amis. → Il **leur** téléphone tout le temps.
3. Elle ressemble beaucoup à sa tante. → Elle **lui** ressemble beaucoup.
4. Je demande leur avis à mes collègues. → Je **leur** demande leur avis.
5. Je dis ça à Xavier. → je **lui** dis ça.
6. Tu achètes un cadeau à Claire ? → Tu **lui** achètes un cadeau ?
7. Je rends visite à mon ancien professeur. → Je **lui** rends visite.
8. Je lis des livres à mes enfants tous les soirs. → Je **leur** lis des livres tous les soirs.

p.91 代名詞 en

1. J'ai deux frères. → J'**en** ai **deux.**
2. Il a une voiture → Il **en** a **une.**
3. J'ai de l'argent. → J'**en** ai. ×
4. J'ai un cousin. → J'**en** ai **un.**
5. Elle achète des baguettes. → Elle **en** achète. ×
6. Tu veux du café ? → Tu **en** veux ? ×
7. J'achète trois avocats. → J'**en** achète **trois.**
8. Je prends du pain. → J'**en** prends. ×

p.93 不定代名詞

○をつける欄

1. Il n'y a rien dans le frigo.	冷蔵庫には何もない。	**何も〜ない**
2. Tout le monde est content.	みんなが満足している。	**全員**
3. Je n'ai vu personne.	誰にも会わなかった。	**誰も〜ない**
4. Tout va bien.	すべてがうまくいく。	**全部**
5. Personne ne t'écoute.	だれもきみの話を聞いてないよ。	**誰も〜ない**
6. Il y a quelqu'un à la porte.	ドアのところに誰かいるよ。	**誰か**
7. Je voudrais boire quelque chose.	何か飲みたい。	**何か**
8. Je n'ai rien à faire.	何もすることがない。	**何も〜ない**

解答 & トランススクリプション

p.97 **半過去形**
1. **j'habitais**
2. **vous avez su**
3. **je pense**
4. **nous cherchons**
5. **je voulais**
6. **nous reconnaissions**
7. **j'ai fait**

p.99 **単純未来形**

1.
1. je parle**rai**
2. je choisi**rai**
3. j'atten**drai**

2.
1. **je montrerai**
2. **j'entendrai**
3. **je rentre**
4. **je pars**
5. **j'arriverai**

p.101 **近接未来、近接過去**
1. Je vais aller à la plage. 　　砂浜に行こうとしています。**助動詞 aller**
   不定詞のaller は「行く」という意味です。
2. Je viens d'envoyer un mail à Jean. 　ジャンにメールを送ったところです。**助動詞 venir**
3. Je vais à l'hôpital. 　　病院に行きます。**動詞 aller（行く）**
4. Je viens de France. 　　フランスから来ました。**動詞 venir（来る）**
5. Je vais passer un examen. 　　もうじき試験を受けます。**助動詞 aller**
   状況によってはallerを動詞ととることも可能です。
6. Je viens d'acheter cette table. 　このテーブルは買ったばかりです。**助動詞 ven**
7. Je vais regarder tout de suite. 　　すぐに見てみます。**助動詞 aller**
8. Je vais chez mes grands-parents. 　祖父母のところに行きます。**動詞 aller（行く）**

p.103 **代名動詞**
1. Tu te couches à 8 heures !?　**se coucher**
2. Il te regarde.　**regarder**
3. Je m'habille vite.　**s'habiller**
4. Je me demande pourquoi.　**se demander**
5. Patrice le réveille.　**réveiller**
6. Il se marie avec Elise ?　**se marier**
7. Elle l'endort tous les soirs.　**endormir**
8. Il m'énerve.　**énerver**

p.105 **関係代名詞**
1. Le Français **qui travaille** avec moi s'appelle Luc Tournon.
2. L'instrument de musique **qu'il veut acheter** est le saxophone.
3. L'acteur **que j'aime** le plus est Romain Dury.
4. Les vêtements **qu'elle porte** sont très jolis !

5. L'émission **que je regarde** souvent est «Des chiffres et des lettres».
6. L'homme **qui parle** au téléphone portable là-bas est le directeur de cette section.
7. Le poisson **que tu manges** est pour ta grand-mère.
8. Le train **qu'ils prennent** arrive à 15 heures.

p.107 **命令法**

1. 1. Ecoutez bien. **vous**   2. Lis la phrase. **tu**
　　 3. Allons à la plage. **nous**   4. Sors ! **tu**

2. 1. Ne m'oublie pas. → **Oublie-moi**.
　　 2. Ne me téléphone pas le soir. → **Téléphone-moi** le soir.
　　 3. Ne me regarde pas. → **Regarde-moi**.
　　 4. Ne m'attends pas. → **Attends-moi**.

p.109 **条件法**

1. 1. Je **voudrais** 500 grammes de comté.
　　 2. Tu **pourrais** me servir un petit café ?
　　 3. Vous **pourrez** voir M. Roche jeudi.
　　 4. Je **veux** aller au concert ce soir !

2. 1. Je **pourrais** avoir un rendez-vous demain matin ?
　　 2. Vous **pourriez** corriger ma rédaction ?
　　 3. Je **voudrais** vous demander un renseignement.
　　 4. Vous **pourriez** revenir la semaine prochaine ?

p.111 **接続法**

1. Il faut que tu **viennes** avec moi.
2. Tu veux que je **sois** avec toi ?
3. Il sait que tu **viens.**
4. Elle est contente que **j'aille** en France.

著者
國枝孝弘（くにえだたかひろ）
慶應義塾大学総合政策学部准教授。文学博士（フランス・トゥールーズ大学）。
2003年〜2005年NHK「フランス語会話」、
および2010年4月〜9月「テレビでフランス語」講師。
主な著書『宇宙人のためのフランス語会話』（駿河台出版社）、
『基礎徹底マスター　フランス語練習ドリル』（NHK出版）。

協力、CD吹込
Patrce LEROY（パトリス・ルロワ）
フランス文部省所属、慶應義塾大学訪問講師。
パリXIII大学卒業。NHKの「フランス語会話」で長らく活躍。

耳 から 覚える カ ン タ ン ！ フ ラ ン ス 語 文 法

2011年03月20日　初版発行

著者	©國枝孝弘
協力、CD吹込	Patrce LEROY
イラスト	Martin Faynot
装丁・組版	阿部賢司
印刷・製本	三友印刷
発行者	井田洋二
発行所	（株）駿河台出版社
	〒101-0062　東京都千代田区神田駿河台3-7
	TEL 03 (3291) 1676 (代)　　FAX 03 (3291) 1675
	http://www.e-surugadai.com
	E-mail: edit@e-surugadai.com

本書の無断複写複製（コピー）は、特定の場合を除き、著作権・出版社の権利侵害になります。
Printed in Japan

國枝孝弘&パトリス・ルロワのコラボ第1弾！

CD，CD-ROMで学ぶ
宇宙人のためのフランス語会話
初心者のためのフランス語

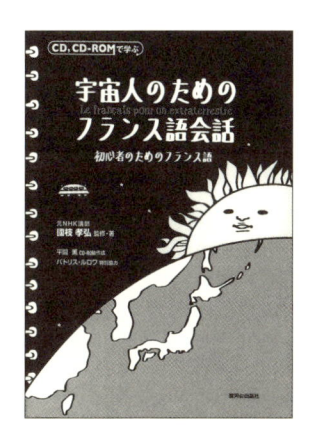

（駿河台出版社刊　168ページ　本体：1800円）
※全国書店でお求めいただけます。また弊社へも直接ご注文いただけます。

宇宙からやってきた宇宙人がパリに到着！フランス語を勉強し始めます。楽しく、おかしく、真剣にフランス語を勉強したい人！宇宙人と一緒にフランス語を勉強しませんか？付属のCDはCD-ROMとしても使え、楽しくゲームをしながらフランス語が学べます。

（WindowXP, MacOSX対応。Flash Player 10非対応）

《電子書籍版》『宇宙人のためのフランス語会話』（通常版、文法編、発音編）も好評発売中！
詳しくはiTunes Store®で「駿河台出版社」を検索。

國枝先生直筆の認定証を手に入れよう!

　ページの右下にある三角マークを切り取って、次のページにある申込用紙に貼って応募しよう。もれなく國枝先生直筆の「あなたはすばらしい！耳からおぼえりゃ　こんなにカンタン！」認定証をプレゼントします。

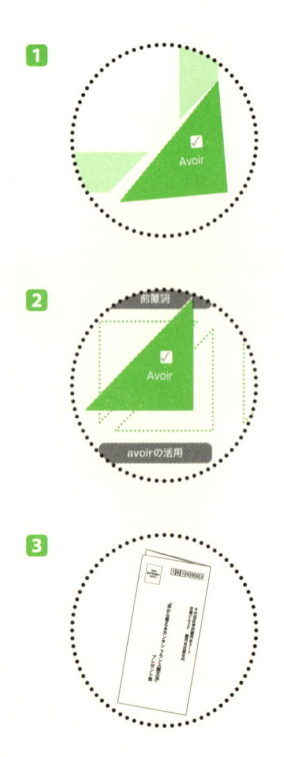

不定冠詞 p.13 / p.15	部分冠詞 p.17 / p.19	前置詞 p.21 / p.23	avoir p.25 / p.27	faire p.29 / p.35	男性形と女性形(2) p.37 / p.39
定冠詞	名詞の複数形と冠詞	être	aller	男性形と女性形(1)	品質形容詞の位置
序列数形容詞 p.41 / p.43	指示形容詞 p.45 / p.47	-ir動詞の活用(1) p.49 / p.51	-dre動詞の活用 p.53 / p.57	否定のde p.59 / p.61	Oui, Non, Si p.63 / p.65
所有形容詞	-er動詞の活用	-ir動詞の活用(2)	否定文	疑問文	疑問詞(代名詞)
疑問詞(副詞) p.67 / p.69	avoirを使った複合過去形 p.71 / p.73	êtreを使った複合過去形 p.75 / p.77	pouvoir, vouloir, devoirの活用 p.79 / p.81	比較級・最上級(1) 動詞の場合 p.83 / p.85	代名詞le, la, les p.87 / p.89
疑問形容詞quel	過去分詞の作り方	複合過去形の否定文	非人称構文	比較級・最上級(2) 形容詞・副詞の場合	代名詞lui, leur
代名詞en p.91 / p.93	半過去形 p.97 / p.99	近接未来形、近接過去形 p.101 / p.103	関係代名詞 p.105 / p.107	条件法 p.109 / p.111	
不定代名詞	単純未来形	代名動詞	命令法	接続法	

80円切手をお貼りください

1 0 1 0 0 6 2

千代田区神田駿河台3―7
百瀬ビル2F　駿河台出版社内
「耳から覚えるカンタン！フランス語文法」プレゼント係

〒　-

※必ずご住所・お名前をご記入下さい。

のりづけ

のりづけ

キリトリ線

のりづけ